KUZHINA E FUNDIT ME Djathë Djathë

Zbuloni 100 receta të shijshme për të ngritur ushqimin tuaj

Anita Prenga

Materiali për të drejtat e autorit ©2023

Të gjitha të drejtat e rezervuara

Asnjë pjesë e këtij libri nuk mund të përdoret ose transmetohet në çfarëdo forme apo mjeti pa pëlqimin e duhur me shkrim të botuesit dhe pronarit të së drejtës së autorit, përveç citimeve të shkurtra të përdorura në një përmbledhje. Ky libër nuk duhet të konsiderohet si zëvendësim i këshillave mjekësore, ligjore ose të tjera profesionale.

TABELA E PËRMBAJTJES

TABELA E PËRMBAJTJES..3
PREZANTIMI...7
MËNGJESI DHE BRUNCH..8
1. Omëletë me Angjinarja dhe djathë vilë..........................9
2. Shtresa e vezëve dhe angjinares..................................12
3. Petulla me beze limoni..15
4. Kroasantë me djathë vilë...18
5. Petulla me gjizë..20
6. kyçe me djathë lime..23
7. Spinaq djathë krep s...25
8. Ëmbëlsirë me djathë të përzier me djathë kokrra të kuqe
....28
9. Gâteau De Crêpes a La Firentine.................................31
10. Tas frutash me djathë vilë...34
11. Tas frutash me proteina Berry Blast..........................36
12. Lakër jeshile, speca dhe omëletë feta e grimcuar......38
13. Frittata me djathë sallam..40
14. Rrotulla maja me djathë vilë.....................................42
15. Bukë me kopër me qepë..44
16. Waffles me fuqi proteinike.......................................46
17. Hash për mëngjesin ukrainas....................................48
18. Sanduiç për mëngjes...51
19. B abbka..53
20. Piper i kuq dhe djathë gjizë.......................................57
21. Quiche me ushqim deti pa kore.................................59
22. Tavë për mëngjes Amish..61
SNACKS DHE MEZHET..64
23. Vilë portokall të mbushur...65
24. Empanadas me spinaq..67
25. aziatike djathë vilë...70
26. Qofte për koktej...72

27. Gjizë dhe rrota ananasi..74
28. Kungull i njomë ëmbëlsirë..76
29. Sheshe sufle djathi Kili..78
30. Roll-ups spinaq..81
31. Bare djathi Cottage Strawberry.....................................83
32. Patëllxhanë të mbushur..86
33. Kërpudha të mbushura me djathë.................................89
34. Topa gjizë me glazurë çokollate....................................92
35. Topa të susamit me djathë vilë.....................................94
36. Biskota me gjizë...96
37. Biskota me tërshërë me gjizë.......................................98
38. Kafshimet e vezëve të Sous Vide...............................100
39. Trungjet e selino..103
40. Kërpudha të mbushura me gjizë.................................105
41. Dip gjizë dhe spinaq...107
SANDWICH, MËSHTIM DHE BURGER..............................109
42. Burgera me mish qengji maroken dhe harissa............110
43. Brusketa me chard zvicerane.....................................113
44. Sanduiç Paneer Bhurji..116
45. Burritos me viç dhe djathë..118
46. Mollë e pjekur në skarë mbi kifle me brumë të thartë 120
47. Chipotle Cheddar Quesadilla......................................122
KURS KRYESOR..124
48. Mollë dhe djathë të pjekur në skarë............................125
49. Ravioli djathi me rozmarinë dhe limon........................127
50. Lazanja me ravioli..130
51. Byrek me lasagna Carbquik..132
52. Lazanja në një filxhan...135
53. Focaccia al formaggio...137
54. Mish mishi me djathë gjeldeti......................................139
55. Lazanja me byrek me vilë angleze..............................141
56. Lazanja me fasule..144
57. Lasagna me pepperoni...147
58. Linguine me salce djathi...150
59. Byrek fshatar me vilë..152

60. Makaronat primavera të Margaritës..................155
61. Monterey Jack Soufflé..................157
62. me pulë dhe djathë vilë..................159
63. Vilë Manicotti..................162
64. Byrek me spinaq mamasë..................164
65. Tavë me petë viçi..................167
66. Spinaq i pjekur Supreme..................169
SALATA DHE ANËT..................171
67. Sallatë perimesh me djathë vilë..................172
68. Sallatë me shparg, domate dhe gjizë..................174
69. Sallatë me djathë vilë dhe fruta..................177
70. Sallatë me kastravec dhe djathë vilë..................179
71. Sallatë me djathë vilë dhe domate..................181
ËSHTIRËS..................183
72. Cheesecake me arra..................184
73. Tortë me djathë me portokall me boronicë..................186
74. Pineapple Noodle Kugel..................189
75. Panna Cotta me fëstëk me shafran..................192
76. Tiramisu me gjizë..................194
77. Akullore me hurma vilë..................197
78. Tortë me djathë me gjizë..................199
79. Burekas..................201
80. Tortë me djathë francez..................204
81. Torta me djathë me barishte..................207
82. Tortë me panxhar..................210
83. Akullore me mollë - djathë..................212
84. Tortë me djathë me vilë kokosi..................214
85. Byrek Kugel me petë me gjizë..................217
86. Sallatë feste rozë..................220
87. Ëmbëlsirë ananasi i zier..................222
88. Sallatë me Lime..................224
KODIMENTET..................226
89. Salcë djathi vilë..................227
90. Dip me qepë me pak yndyrë..................229
91. Salcë vilë-barishte..................231

92. Përhapja me djathë vilë barishtore..................233
93. Salsa me djathë vilë........................235
94. Djathë gjizë dhe Rripë mjalti...................237
95. Pesto me djathë vilë........................239
SMOOTHIES DHE KOKTEJLE........................241
96. Smoothie me erëza me mjedër..................242
97. Cottage Cheese Power Shake..................244
98. Shake me vanilje me djathë....................246
99. Shake proteinash me banane pas stërvitjes...........248
100. Smoothie soje............................250
PËRFUNDIM................................252

PREZANTIMI

Mirë se vini në KUZHINA E FUNDIT ME Djathë Djathë, ku gjiza e thjeshtë shndërrohet në një yll kulinarie. Në faqet e këtij libri gatimi, ju do të nisni një udhëtim nëpër një botë me shije, kreativitet dhe ushqim. Gjiza nuk është thjesht një produkt i thjeshtë qumështi; është një përbërës i gjithanshëm që mund t'i japë jetë të re vakteve tuaja.

Kuzhina jonë është një vend ku kreativiteti nuk njeh kufi. Pavarësisht nëse jeni një kuzhinier me përvojë ose fillestar në artet e kuzhinës, do të gjeni një gamë të gjerë recetash që do të kënaqin shijet tuaja dhe do të ushqejnë trupin tuaj. Gjiza është një burim i proteinave, kalciumit dhe lëndëve të tjera ushqyese thelbësore, duke e bërë atë një shtesë të vlefshme për dietën tuaj të përditshme.

Me 100 receta të mrekullueshme që mbulojnë një sërë kuzhinash dhe stilesh kulinarie, ky libër gatimi është krijuar për të frymëzuar udhëtimin tuaj të gatimit. Nga pjatat e shijshme si kërpudhat e mbushura dhe lazanjat deri te shijet e ëmbla si ëmbëlsirat me djathë dhe parfetë, do të zbuloni potencialin e vërtetë të gjizës.

Pra, le të përveshin mëngët, të veshim përparëse dhe të futemi në botën e kuzhinës së gjizës. Është koha për të lartësuar vaktet tuaja dhe për të krijuar përvoja të paharrueshme të ngrënies pikërisht në kuzhinën tuaj.

MËNGJESI DHE BRUNCH

1.Omëletë me Angjinarja dhe djathë vilë

PËRBËRËSIT:
- 3 vezë të mëdha
- ¼ filxhan gjizë
- ¼ filxhan rrepka të prera në feta
- ¼ filxhan zemrat e grira angjinare (të konservuara ose të marinuara)
- 2 lugë gjelle barishte të freskëta të copëtuara (të tilla si majdanoz, qiqra ose borzilok)
- Kripë dhe piper për shije
- 1 luge vaj ulliri

UDHËZIME:
a) Në një enë rrihni vezët derisa të rrihen mirë. I rregullojmë me kripë dhe piper.
b) Ngrohni vajin e ullirit në një tigan që nuk ngjit mbi nxehtësinë mesatare.
c) Shtoni rrepkat e prera në feta dhe skuqini për rreth 2-3 minuta derisa të zbuten pak.
d) Shtoni zemrat e grira të angjinares në tigan dhe skuqini për 1-2 minuta të tjera derisa të nxehen.
e) Hidhni vezët e rrahura në tigan, duke u kujdesur që të mbulojnë perimet në mënyrë të barabartë.
f) Lërini vezët të zihen të patrazuara për disa minuta derisa fundi të fillojë të ngurtësohet.
g) Ngrini butësisht skajet e omëletës me një shpatull dhe anoni tiganin që çdo vezë e pazier të rrjedhë në skajet.
h) Hidhni me lugë gjizën në gjysmën e omëletës.
i) Spërkatni barishtet e copëtuara mbi gjizën.
j) Palosni gjysmën tjetër të omëletës mbi anën e gjizës.
k) Vazhdoni gatimin për një minutë tjetër ose derisa omëleta të jetë gatuar në masën e dëshiruar.

l) Rrëshqitni omëletën në një pjatë dhe priteni në gjysmë nëse dëshironi.

2. Shtresa e vezëve dhe angjinares

PËRBËRËSIT:
- 1 lugë gjelle vaj ulliri ekstra i virgjër
- 1 qepë e verdhë mesatare, e grirë
- 8 ons spinaq të ngrirë të copëtuar
- ½ filxhan domate të thara në diell, të kulluara dhe të prera përafërsisht
- Kanaçe 14 ons me zemra angjinare, të kulluara dhe të prera në katër pjesë
- 2 ½ filxhanë të paketuar bagutë në kubikë
- Kripë dhe piper të zi për shije
- ⅔ filxhan djathë feta, i grimcuar
- 8 vezë
- 1 filxhan qumësht
- 1 filxhan gjize
- 2 lugë borzilok të freskët të grirë
- 3 lugë djathë parmixhano të grirë

UDHËZIME:
a) Ngrohni furrën në 350 F.
b) Ngrohni vajin e ullirit në një tigan të madh prej gize mbi nxehtësinë mesatare. Shtoni dhe kaurdisni qepën për 3 minuta ose derisa të zbutet.
c) Përzieni spinaqin dhe gatuajeni derisa të shkrihet dhe pjesa më e madhe e lëngut të ketë avulluar avulluar. Fikni nxehtësinë.
d) Përzieni domatet e thara në diell, zemrat e angjinares dhe baguette derisa të jenë mirë të shpërndara. I rregullojmë me kripë, piper të zi dhe i hedhim djathin feta ne krye; le menjane.
e) Në një tas mesatar, rrihni vezët, qumështin, gjizën dhe borzilokun. Derdhni përzieni përzierjen me spinaqin dhe

përdorni një lugë për të trokitur butësisht për vezën përzieni që të shpërndahet mirë. Sipër spërkatni djathin parmixhano.

f) Transferoni tiganin në furrë dhe piqni për 35 deri në 45 minuta ose derisa të marrin ngjyrë të artë kafe sipër dhe vezët vendosen.

g) Hiqni tiganin; Pritini shtresat në feta dhe shërbejini të ngrohta.

3. Petulla me beze limoni

PËRBËRËSIT:
BAZE
- 4 te bardha veze te medha
- 3 lugë sheqer

PETULLAT
- 2 vezë
- ½ filxhan gjizë
- ½ lugë çaji ekstrakt vanilje
- 1 lugë mjaltë
- ¼ filxhan miell spelled
- ½ lugë çaji pluhur pjekjeje
- ¼ lugë çaji sodë buke
- 2 lugë çaji përzierje limoni Jell-O pa sheqer

UDHËZIME:
PËR BAZËN

a) Shtoni të bardhat e vezëve në një tas dhe rrihni derisa të formohen maja të buta. Majat e buta ndodhin kur tërhiqni rrahësit nga përzierja dhe maja formohet por bie shpejt.

b) Shtoni sheqerin tek të bardhat e vezëve dhe vazhdoni të rrihni derisa të formohen maja të forta. Majat e forta ndodhin kur tërhiqni rrahësit nga përzierja dhe maja formohet dhe mban formën e saj.

c) Lëreni marengën mënjanë.

d) Rrihni vezët, gjizën, vaniljen dhe mjaltin së bashku dhe lërini mënjanë.

e) Në një enë tjetër, përzieni përbërësit e thatë derisa të kombinohen mirë.

f) Shtoni përbërësit e lagësht tek përbërësit e thatë dhe përzieni derisa të kombinohen plotësisht.

g) Spërkatni me bollëk një tigan ose tigan që nuk ngjit me vaj vegjetal dhe ngroheni mbi nxehtësinë mesatare.

h) Pasi tigani të jetë nxehtë, shtoni brumin duke përdorur një filxhan matëse $\frac{1}{4}$ filxhan dhe derdhni brumin në tigan për të bërë petullën. Përdorni filxhanin matëse për të ndihmuar në formësimin e petullës.

i) Gatuani derisa anët të duken të vendosura dhe të formohen flluska në mes (rreth 2 deri në 3 minuta), më pas kthejeni petullën.

j) Pasi petulla të jetë gatuar nga ajo anë, hiqeni petullën nga zjarri dhe vendoseni në një pjatë.

k) Vazhdoni këto hapa me pjesën tjetër të brumit.

l) Petullat sipër me beze.

m) Për të thekur marengën, mund të përdorni ose një pishtar për të skuqur lehtë skajet ose mund t'i vendosni petullat e sipërme nën një broiler të nxehtë për 2 deri në 3 minuta.

4. Kroasantë me djathë vilë

PËRBËRËSIT:
PËR brumin:
- ⅔ filxhan qumësht
- 1¼ filxhan (150 g) gjizë ¼ filxhan (60 g, 2 ons) gjalpë
- 1 vezë
- ⅓ filxhan (60 g, 2,4 ons) sheqer
- 4 gota (500 g, 18 ons) miell për të gjitha përdorimet
- 1 lugë çaji sheqer vanilje
- 1½ lugë çaji maja e thatë aktive
- ½ lugë çaji kripë

PËR glazurën:
- 1 e verdhe veze
- 2 lugë qumësht
- 2 lugë bajame, të grira

UDHËZIME:

a) Ziejeni brumin në një makinë buke. Lëreni të pushojë dhe të ngrihet për 45 minuta.

b) Hapeni brumin e gatshëm për gatim në një rreth 16 inç (40 cm) në diametër dhe ndajeni në 12 sektorë trekëndësh. Rrokullisni çdo trekëndësh lart, duke filluar me skajin e tij të gjerë.

c) I vendosim roletë në një tepsi të mbuluar me letër furre të lyer me vaj dhe i lyejmë me përzierjen e glazurës. Mbulojeni me një peshqir dhe lëreni të pushojë për 30 minuta.

d) Ngrohni furrën në 400 gradë F (200 gradë C).

e) Piqeni në furrën e nxehur më parë deri në kafe të artë për 15 minuta.

5.Petulla me gjizë

PËRBËRËSIT:

- ¼ filxhan miell spelled
- ½ lugë çaji pluhur pjekjeje
- ¼ lugë çaji sodë buke
- ⅛ lugë çaji kanellë
- ⅛ lugë çaji kripë
- 2 vezë të mëdha, të rrahura
- ½ filxhan gjizë me pak yndyrë 2%.
- 1 lugë mjaltë
- ½ lugë çaji ekstrakt vanilje
- Luleshtrydhe, për servirje (sipas dëshirës)

UDHËZIME:

a) Shtoni të gjithë përbërësit e thatë në një tas dhe përzieni derisa të kombinohen mirë.
b) Në një tas të veçantë, përzieni përbërësit e lagësht së bashku.
c) Shtoni përbërësit e lagësht tek përbërësit e thatë dhe rrihni për t'i kombinuar plotësisht.
d) Lëreni brumin të pushojë për 5 deri në 10 minuta. Kjo lejon që të gjithë përbërësit të bashkohen dhe ju jep një konsistencë më të mirë për brumin.
e) Spërkatni me bollëk një tigan ose tigan që nuk ngjit me vaj vegjetal dhe ngroheni mbi nxehtësinë mesatare.
f) Pasi tigani të jetë nxehtë, shtoni brumin duke përdorur një filxhan matëse ¼ filxhan dhe derdhni brumin në tigan për të bërë petullën. Përdorni filxhanin matëse për të ndihmuar në formësimin e petullës.
g) Gatuani derisa anët të duken të vendosura dhe të formohen flluska në mes (rreth 2 deri në 3 minuta), më pas kthejeni petullën.

h) Pasi petulla të jetë gatuar nga ajo anë, hiqeni petullën nga zjarri dhe vendoseni në një pjatë.
i) Vazhdoni këto hapa me pjesën tjetër të brumit. Shërbejeni me luleshtrydhe sipas dëshirës.

6.kyçe me djathë lime

PËRBËRËSIT:
- 2 vezë
- ½ filxhan gjizë
- ½ lugë çaji ekstrakt vanilje
- 1 lugë mjaltë
- Lëkura nga 1 lime
- ¼ filxhan miell spelled
- ½ lugë çaji pluhur pjekjeje
- ¼ lugë çaji sodë buke
- 2 lugë çaji përzierje gëlqereje pa sheqer Jell-O

UDHËZIME:
a) Rrihni vezët, gjizën, vaniljen, mjaltin dhe lëkurën e limonit së bashku dhe lërini mënjanë.

b) Në një enë tjetër, përzieni përbërësit e mbetur së bashku derisa të kombinohen mirë.

c) Shtoni përbërësit e lagësht tek përbërësit e thatë dhe përzieni derisa të kombinohen plotësisht.

d) Spërkatni me bollëk një tigan ose tigan që nuk ngjit me vaj vegjetal dhe ngroheni mbi nxehtësinë mesatare.

e) Pasi tigani të jetë nxehtë, shtoni brumin duke përdorur një filxhan matëse ¼ filxhan dhe derdhni brumin në tigan për të bërë petullën. Përdorni filxhanin matëse për të ndihmuar në formësimin e petullës.

f) Gatuani derisa anët të duken të vendosura dhe të formohen flluska në mes (rreth 2 deri në 3 minuta), më pas kthejeni petullën.

g) Pasi petulla të jetë gatuar nga ajo anë, hiqeni petullën nga zjarri dhe vendoseni në një pjatë.

h) Vazhdoni këto hapa me pjesën tjetër të brumit.

7. Spinaq djathë krep s

PËRBËRËSIT:
- 3 vezë
- 1 filxhan Qumesht
- 1 lugë gjelle gjalpë i shkrirë
- ¾ filxhan miell për të gjitha përdorimet
- ¼ lugë çaji kripë
- 2 filxhanë Havarti të grira, Swiss OR
- Djathë mocarela, i ndarë
- 2 gota Vilë
- ¼ filxhan djathë parmixhano të grirë
- 1 vezë e rrahur pak
- Pako 10 ons me spinaq të ngrirë të copëtuar
- 300 gr, të shkrira dhe të shtrydhura të thata
- ¼ lugë çaji kripë
- ⅛ lugë çaji Piper
- 1½ filxhan salcë domate

UDHËZIME
PËR KREPA:
a) Përziejini përbërësit në një blender ose procesor ushqimi për 5 sekonda.

b) Grini anët dhe përzieni brumin për 20 sekonda më gjatë. Mbulojeni dhe lëreni të qëndrojë për të paktën 30 minuta.

c) Nxehni një tigan 8 inç që nuk ngjit mbi nxehtësinë mesatare. Lyejeni me gjalpë të shkrirë. Llokoçis brumin. Hidhni rreth 3 lugë brumë në tigan dhe hidheni shpejt tiganin që të lyhet fundi. Gatuani derisa pjesa e poshtme të skuqet pak, rreth 45 sekonda. Kthejeni krepën me një shpatull dhe gatuajeni rreth 20 sekonda më gjatë.

d) Transferoni në një pjatë. Përsëriteni me brumin e mbetur, duke e lyer tiganin me pak gjalpë të shkrirë përpara se të gatuani çdo krep.

PËR PLOTËSIM:

e) Rezervoni $\frac{1}{2}$ filxhan djathë Havarti. Kombinoni përbërësit e mbetur. Vendosni $\frac{1}{2}$ filxhan mbushje djathi mbi çdo krep dhe rrotullojeni.

f) Vendoseni nga ana e tegelit poshtë në një enë pjekjeje të lyer me yndyrë 13x9 inç. Sipër hidhni salcën e domates. Spërkateni me djathë Havarti të rezervuar. Piqni në një furrë 375F, për 20 deri në 25 minuta ose derisa të nxehet.

8. Ëmbëlsirë me djathë të përzier me djathë kokrra të kuqe

PËRBËRËSIT:
PETULLAT:
- 16 ons gjizë të vogël gjizë
- 1 lugë çaji ekstrakt vanilje
- 3 lugë mjaltë
- 4 vezë të mëdha
- 1 filxhan miell për të gjitha përdorimet
- 1 lugë çaji sodë buke
- 2 lugë vaj vegjetal

PASQYRË E PËRZIER PËR BERRY:
- 2 gota manaferra të përziera (luleshtrydhe, boronica, mjedra)
- 2 lugë mjaltë
- ½ lugë çaji lëvore limoni

Garniturë OPSIONALE:
- Gjethet e mentes (opsionale)
- salcë kosi
- Shurup panje
- Fruta të freskëta shtesë

UDHËZIME:
PETULLAT:
a) Në një tas mesatar, përzieni 4 vezë të mëdha derisa të rrihen mirë. Shtoni 16 ons gjizë, 1 lugë çaji ekstrakt vanilje dhe 3 lugë gjelle mjaltë. Rrihni derisa të kombinohen plotësisht.

b) Në një tas të veçantë, përzieni së bashku 1 filxhan miell për të gjitha përdorimet dhe 1 lugë çaji sodë buke. Sigurohuni që të mos ketë gunga në përzierjen e miellit.

c) Rrihni gradualisht përbërësit e thatë në përbërësit e lagësht derisa të formohet një brumë i lëmuar për petullat.

d) Nxehni një tigan të madh që nuk ngjit mbi nxehtësinë mesatare dhe shtoni 2 lugë vaj vegjetal.

e) Pasi vaji të jetë i nxehtë, hidhni një lugë gjelle të mbushur me brumë petullash në tigan për çdo petull.

f) Gatuajini petullat derisa të marrin ngjyrë të artë dhe të fryhen, rreth 2-3 minuta nga çdo anë. Përdorni një mbrojtës spërkatës për të reduktuar rrëmujën.

g) Transferoni petullat e gatuara në një pjatë dhe mbulojini me një peshqir kuzhine të pastër për t'i mbajtur të ngrohta ndërsa gatuani pjesën e mbetur.

PASQYRË E PËRZIER PËR BERRY:

h) Në një tas të veçantë, kombinoni 2 gota manaferra të përziera, 2 lugë gjelle mjaltë dhe $\frac{1}{2}$ lugë çaji lëvore limoni.

i) Hidheni butësisht për të veshur manaferrat.

SHËRBIMI:

j) Shërbejini petullat e ngrohta të lyera me majë të përzier me kokrra të kuqe.

k) Ju gjithashtu mund të shtoni një copë salcë kosi, një shurup panje, gjethe nenexhiku ose fruta të freskëta shtesë për aromë shtesë.

9.Gâteau De Crêpes a La Firentine

PËRBËRËSIT:
SALCE KREME ME DJATH, SPINAQ, DHE KËRPUDHA
- 4 Tb gjalpë
- 5 Tb miell
- 2¾ gota qumësht të nxehtë
- ½ lugë kripë
- Piper dhe arrëmyshk
- ¼ filxhan krem i trashë
- 1 filxhan djathë zviceran i grirë trashë
- 1½ filxhan spinaq të gatuar të copëtuar
- 1 filxhan krem djathi ose gjize
- 1 vezë
- 1 filxhan kërpudha të freskëta të prera në kubikë, të skuqura më parë në gjalpë me 2 Tb qepe ose qepë të grirë

MONTIMI DHE PJEKJA
- 24 krepa të gatuara, me diametër 6 deri në 7 inç
- Një enë pjekjeje e lyer pak me gjalpë
- 1 Tb gjalpë

UDHËZIME:
a) Për salcën, shkrini gjalpin, përzieni miellin dhe gatuajeni ngadalë për 2 minuta pa ngjyrosur; hiqeni nga zjarri, rrahim qumështin, kripën, piperin dhe arrëmyshkun sipas shijes. Ziejeni, duke e trazuar, për 1 minutë, pastaj rrihni kremin dhe të gjithë, përveç 2 lugëve të djathit zviceran; ziejini për një moment, më pas korrigjoni erëzat.

b) Përzieni disa lugë salcë në spinaq dhe korrigjoni me kujdes erëzat. Rrihni kremin e djathit ose gjizën me vezën, kërpudhat dhe disa lugë salcë për të bërë një pastë të trashë; erëza e duhur.

c) Ngroheni furrën në 375 gradë.

d) Vendosni një krep në fund të një ene pjekjeje të lyer pak me gjalpë, lyeni me spinaq, mbulojeni me një krep, lyeni me një shtresë nga përzierja e djathit dhe kërpudhave dhe vazhdoni në këtë mënyrë me pjesën tjetër të krepave dhe 2 mbushjet. duke i dhënë fund tumës me një krep.

e) Hidhni salcën e mbetur të djathit mbi tumë, spërkatni me 2 lugët e mbetura djathë zviceran të grirë dhe lyeni me një lugë gjelle gjalpë.

f) Lëreni në frigorifer deri në 30 deri në 40 minuta përpara se ta shërbeni, më pas vendoseni në një të tretën e sipërme të furrës së parangrohur derisa sipërfaqja e nxehtë dhe djathi të jetë skuqur lehtë.

10. Tas frutash me djathë vilë

PËRBËRËSIT:
- 1 filxhan gjize
- 1/2 filxhan pjeshkë të prera në feta
- 1/2 filxhan luleshtrydhe të prera në feta
- 1/4 filxhan arra të copëtuara
- 1 lugë mjaltë

UDHËZIME:
a) Përzieni gjizën dhe mjaltin në një enë.
b) Sipër shtoni pjeshkë të prera në feta, luleshtrydhe të prera dhe arra të grira.

11. Tas frutash me proteina Berry Blast

PËRBËRËSIT:
- 1 filxhan gjize
- 1/2 filxhan manaferra të përziera (të tilla si acai, luleshtrydhe, boronica dhe mjedra)
- 1/4 filxhan granola
- 1 lugë fara chia
- 1 lugë gjelle mjaltë (opsionale)

UDHËZIME:
a) Hidhni gjizën me lugë në një tas si bazë.
b) Shpërndani kokrrat e përziera sipër gjizës.
c) Spërkatni farat granola dhe chia mbi manaferrat.
d) Hidhni mjaltë mbi tas për ëmbëlsi të shtuar nëse dëshironi.
e) Shërbejeni dhe shijoni mirësinë e manave!

12. Lakër jeshile, speca dhe omëletë feta e grimcuar

PËRBËRËSIT:

- 8 vezë të rrahura mirë
- 1 filxhan speca të kuq, të prerë në kubikë
- 1/4 filxhan qepë jeshile (të prera imët)
- 1/2 filxhan feta të grimcuar
- 3/4 filxhan lakër jeshile, të copëtuar
- 2 lugë vaj ulliri
- 1/2 lugë erëza italiane
- Kripë dhe piper i sapo bluar, për shije
- Djathë kosi ose gjizë (opsionale)

UDHËZIME:

a) Në një tigan të madh ngrohni vajin në temperaturë mesatare. Shtoni kale të grirë dhe gatuajeni për rreth 3-4 minuta.

b) Lani dhe copëtoni specat e kuq. Pritini qepët e njoma dhe thërrmoni fetën. Lyejeni pjesën e poshtme të tenxhere të ngadaltë me vaj ulliri. Shtoni specin e kuq të grirë dhe qepën e gjelbër të prerë në feta në tenxhere me lakër jeshile.

c) Në një tas të vogël rrihni vezët dhe hidhini sipër përbërësit e tjerë në tenxhere të ngadaltë. Përziejini mirë dhe shtoni erëza italiane. Rregulloni kripën dhe piperin sipas shijes.

d) Gatuani në ULËT për 2-3 orë.

13. Frittata me djathë sallam

PËRBËRËSIT:

- 8 vezë
- 1 paund sallam
- 1 filxhan gjize
- 2 lugë pluhur pjekjeje
- 1 filxhan qumësht
- 3 domate, të prera
- 2 oz djathë parmixhano, i grirë
- 6 oz djathë çedër, i grirë
- Piper
- Kripë

UDHËZIME:

a) E skuqim salsiçen në një tigan dhe e lëmë mënjanë.
b) Në një enë rrihni vezët me qumështin, pluhurin për pjekje, piperin dhe kripën.
c) Shtoni salsiçen, gjizën, domatet, djathin parmixhano dhe djathin çedër dhe i përzieni mirë.
d) Derdhni përzierjen e vezëve në enë për pjekje të lyer me yndyrë.
e) Zgjidhni modalitetin e pjekjes dhe më pas vendosni temperaturën në 350°F dhe kohën për 45 minuta. Shtypni fillimin.
f) Pasi furra dixhitale Ninja Foodi të nxehet më parë, vendoseni enën e pjekjes në furrë.
g) Pritini dhe shërbejeni.

14. Rrotulla maja me djathë vilë

PËRBËRËSIT:
- 2 pako (1/4 ons secila) maja e thatë aktive
- 1/2 filxhan ujë të ngrohtë (110° deri në 115°)
- 2 gota (16 ons) gjizë 4%.
- 2 vezë
- 1/4 filxhan sheqer
- 2 lugë çaji kripë
- 1/2 lugë çaji sodë buke
- 4-1/2 gota miell për të gjitha përdorimet

UDHËZIME:
a) Në një tas të madh, shpërndani majanë në ujë të ngrohtë. Në një tenxhere të vogël ngrohni gjizën në 110°-115°. Shtoni në përzierjen e majave vezët, gjizën, kripën, sheqerin, 2 gota miell dhe sodën e bukës. Rrihni derisa të jetë e qetë. Përzieni mjaftueshëm miell të mbetur në mënyrë që të formoni një brumë të fortë (brumi do të jetë ngjitës).

b) Kthejeni në një sipërfaqe të lyer me miell; gatuajeni për rreth 6 deri në 8 minuta derisa të bëhen elastike dhe të lëmuara. Vendoseni në një tas të lyer me yndyrë, duke e rrotulluar një herë për të lyer sipër.

c) Lëreni të ngrihet duke u mbuluar në një vend të ngrohtë për rreth 1 orë derisa të dyfishohet në masë.

d) Shponi brumin poshtë. Kthejeni në një sipërfaqe të lyer lehtë me miell; prerë në 30 pjesë. Formoni secilën pjesë në një role. Në fletët e pjekjes së lyer me yndyrë, vendoseni 2 centimetra larg njëri-tjetrit. Mbulojeni dhe lëreni të ngrihet për rreth 30 minuta derisa të dyfishohet.

e) Piqini në 350 ° për gati 10 deri në 12 minuta ose derisa të kenë ngjyrën e kafesë së artë. Hiqeni në raftet me tela.

15. Bukë me kopër me qepë

PËRBËRËSIT:
- 2 lugë çaji maja e thatë aktive
- 3-1/2 gota miell buke
- 1 lugë çaji kripë
- 1 vezë
- 3/4 gota gjizë në stil kremi
- 3/4 gota salcë kosi
- 3 lugë sheqer
- 3 lugë qepë të thatë të grirë
- 2 lugë farë kopër
- 1-1/2 lugë gjelle gjalpë

UDHËZIME:
a) Vendosni katër përbërësit e parë në tavën e makinës së bukës sipas renditjes së dhënë. Përziejini përbërësit e mbetur në një tenxhere dhe më pas ngrohni derisa të ngrohen (mos ziejnë).
b) Transferoni në tavën e bukës.
c) Vendoseni makinën në cilësimin "bukë e bardhë" dhe më pas piqni siç udhëzohet nga makina e bukës.

16. Waffles me fuqi proteinike

PËRBËRËSIT:

- 6 vezë të mëdha
- 2 gota gjizë
- 2 gota tërshërë të modës së vjetër
- ½ lugë çaji ekstrakt vanilje
- Një majë kripë kosher
- 3 gota kos të thjeshtë pa yndyrë
- 1 ½ filxhan mjedra
- 1 ½ filxhan boronica

UDHËZIME:

a) Ngrohni paraprakisht një hekur waffle në lartësi mesatare. Lyejeni lehtë pjesën e sipërme dhe të poshtme të hekurit ose lyejeni me llak që nuk ngjit.

b) Kombinoni vezët, gjizën, tërshërën, vaniljen dhe kripën në një blender dhe përziejini derisa të jenë të lëmuara.

c) Hidhni një ½ filxhan të pakët të përzierjes së vezëve në hekurin e vaflës, mbylleni butësisht dhe gatuajeni derisa të marrin ngjyrë kafe të artë dhe të freskët, 4 deri në 5 minuta.

d) Vendosni vaflet, kosin, mjedrat dhe boronicat në enët e përgatitjes së vaktit.

17. Hash për mëngjesin ukrainas

PËRBËRËSIT:

- 10 patate yukon ari ose russet të prera në kubikë
- 2 lugë gjelle kopër të freskët për bebe, të copëtuara
- 1 qepë (mesatare) e grirë
- ⅔ filxhan me lëng lakër turshi të shtrydhur dhe të prerë imët,
- 1 sallam ukrainas me unazë 375 gram dyshe të tymosur, të prerë në rrathë
- 2 ½ gota kërpudha të prera në feta
- 1 piper jeshil i grire
- 2 lugë vaj vegjetal
- 3 lugë gjalpë
- 1 filxhan gjizë të thatë
- 2 thelpinj hudhre te shtypura d
- 1 lugë çaji kripë
- ½ lugë çaji piper
- vezët

UDHËZIME:

a) Pritini patatet në kubikë dhe gatuajini patatet në mikrovalë në pjatë/pjatë të pambuluar për rreth 15 minuta ose derisa një pirun të kalojë lehtësisht nëpër copa patate, por ato janë ende të forta/mbajnë formën.

b) Ndërkohë: ngrohni vajin në një tigan të madh/tigan në temperaturë mesatare dhe kaurdisni kubassa/kielbasa për 3-4 minuta, duke e trazuar dhe rrotulluar rregullisht, më pas hiqeni në një pjatë. Le menjane.

c) Shtoni 1 lugë më shumë vaj gatimi në tigan, më pas kaurdisni piperin jeshil, qepët dhe hudhrën në temperaturë mesatare për 5 minuta. Shtoni kërpudhat dhe gatuajeni edhe për 3-4 minuta të tjera. Lërini mënjanë në një tas të veçantë.

d) Shtoni gjalpin në tigan dhe gatuajini patatet, duke i trazuar dhe rrotulluar rregullisht, për 15 minuta derisa të skuqen nga jashtë dhe të buta brenda.

e) Më pas shtoni përzierjen e piperit të gjelbër/qepës përsëri në tigan, si dhe kubasën, lakër turshi, gjizën e thatë, gjellën dhe gatuajeni, duke e trazuar, për rreth 10 minuta të tjera.

f) Nëse përdorni vezë: gatuajini vezët sipas dëshirës tuaj dhe vendosini sipër hashit.

18. Sanduiç për mëngjes

PËRBËRËSIT:
- 1 vezë
- 1 lugë gjizë e thatë
- ½ lugë çaji kopër
- 1 lugë salcë kosi
- ⅓ filxhan kielbasa ukrainase në feta
- 1 lugë çaji mustardë
- ½ lugë çaji rrikë
- 1 kifle angleze gruri integral
- 2 feta domate

UDHËZIME:
a) Kifle e thekur angleze.
b) Spërkateni pjesën e brendshme të një filxhani kafeje me llak gatimi që nuk ngjit. Thyejeni vezën në filxhan dhe shtoni në të gjizën e thatë dhe kopër. Përzieni butësisht për një sekondë dhe përpiquni të mos thyeni të verdhën e verdhë.
c) Vendoseni përzierjen e vezëve në mikrovalë për 30-40 sekonda (me mbulesë) ose derisa veza të zihet. Lironi butësisht me thikë në mes të turit dhe vezës.
d) Përzieni së bashku salcën e thartë, rrikën dhe mustardën. Përhapeni në mënyrë të barabartë në secilën anë të kifleve angleze.
e) Mbi njërën anë të kifleve angleze me kielbasa të prera në feta dhe rrëshqitni butësisht vezën e gatuar nga turi dhe sipër kielbasa.
f) Shtoni domatet e prera në feta. Hidhni sipër gjysmën tjetër të një kifle angleze.
g) Shërbejeni menjëherë.

19. Babbka

PËRBËRËSIT:

- 1 pako Maja e thatë aktive
- majë sheqer
- ¼ filxhan ujë të ngrohtë
- ½ filxhan gjalpë pa kripë, i shkrirë
- ¼ filxhan Sheqer
- 1½ lugë çaji kripë
- 2 lugë çaji ekstrakt vanilje
- ½ lugë çaji ekstrakt bajame
- ¾ filxhan qumësht të ngrohtë
- 3 vezë
- 4 gota miell të pazbardhur për të gjitha përdorimet
- 2 lugë gjalpë pa kripë, për pastrimin e brumit
- 3 lugë sheqer pluhur vanilje ose sheqer pluhur
- 1½ filxhan gjizë të thatë
- ⅓ filxhan Sheqer
- 1½ lugë salcë kosi
- 1½ luge miell
- 1 vezë secila
- 1 lugë çaji lëvore limoni
- ½ lugë çaji ekstrakt vanilje
- 3 lugë rrush pa fara
- 2 lugë konjak për 1/2 orë

UDHËZIME:

a) Spërkatni majanë dhe sheqerin mbi ujë të ngrohtë në një tas të vogël dhe përzieni që të treten. Lëreni të qëndrojë derisa të bëhet shkumë, rreth 10 minuta. Në një tas të madh, bashkoni gjalpin, sheqerin, kripën, vaniljen, bajamet, qumështin, vezët dhe 1 filxhan miell. Rrihni derisa të jetë homogjene me një kamxhik. Shtoni përzierjen e majave. Rrihni 3 minuta ose derisa të jetë e qetë.

b) Shtoni miell, ½ filxhan me një lugë druri derisa të krijohet një brumë i butë. Hidheni brumin në një sipërfaqe të lyer pak me miell dhe gatuajeni derisa të jetë e butë dhe e mëndafshtë, rreth 5 minuta.

c) Sigurohuni që brumi të mbetet i butë. Vendoseni në një enë të lyer me yndyrë, kthejeni një herë që të lyhet sipër dhe mbulojeni me mbështjellës plastik. Lëreni të ngrihet në një zonë të ngrohtë derisa të dyfishohet, rreth 1 orë e gjysmë. Ndërkohë bashkoni përbërësit e mbushjes në një tas, i rrahim derisa të bëhen krem. Shfryjeni butësisht brumin, hidheni në një dërrasë të lyer lehtë me miell dhe rrotullojeni ose shtrijeni në një drejtkëndësh 10 x 12 inç.

d) Lyejeni me gjalpë të shkrirë. Përhapeni me mbushje, duke lënë një kufi ½ inç rreth brumit. Rrokullisni modën e rrotullës së pelte dhe kapni qepjet. Duke mbajtur njërën skaj, rrotulloni brumin rreth 6 deri në 8 herë për të bërë një litar.

e) Formojeni në një spirale të sheshtë dhe vendoseni në një kallëp të lyer mirë me yndyrë 10 deri në 12 filxhan ose në një tavë tub. Mbërtheni majat së bashku dhe rregulloni brumin që të shtrihet në mënyrë të barabartë në tavë, jo më shumë se ⅔ plot.

f) Mbulojeni lirshëm me mbështjellës plastik dhe lëreni të ngrihet deri sa të jetë i barabartë me pjesën e sipërme të tavës, rreth 45 minuta. Piqni në një furrë të nxehur më parë në 350 gradë F. për 40 deri në 45 minuta, ose derisa të marrin ngjyrë kafe të artë dhe një testues i ëmbëlsirave të dalë i pastër. Do të ketë një tingull të zbrazët kur preket. Lëreni të qëndrojë për 5 minuta në tepsi, më pas kalojini nga tava për pjekje në një raft që të ftohet plotësisht.

g) Lëreni të qëndrojë 4 orë ose gjatë gjithë natës, të mbështjellë në plastikë përpara se ta prisni në feta. Spërkateni me sheqer pluhur ose spërkatni glazurën e sheqerit pluhur.

20. Piper i kuq dhe djathë gjizë

PËRBËRËSIT:
- ½ spec i kuq zile, i prerë në kubikë
- 2 vezë me rreze të lirë në Mbretërinë e Bashkuar (SHBA ekstra të mëdha).
- 4 lugë gjizë
- 1 lugë gjelle djathë parmixhano të sapo grirë
- 2 qepë (qepëza), të prera në feta
- 2 lugë majdanoz të freskët të grirë
- Thërrmoni arrëmyshk të sapo grirë
- grijmë piper të zi të sapo bluar
- majë kripë deti (kosher).

UDHËZIME:
a) Ngrohni furrën në 180C ventilator, 350F, Gas Mark 6.
b) Lyejmë 2 ramekin të papërshkueshëm nga furra dhe vendosim në një tepsi.
c) Hiqni farat dhe thelbin nga piperi i kuq dhe në kube. Pritini imët qepët (qepëzat). Pritini majdanozin.
d) Thyeni vezët në një tas. I rregullojmë me kripë deti (kosher), piper dhe një grilë të bollshme arrëmyshk dhe përziejmë lehtë.
e) Palosni gjizën, specin e kuq, qepët (qepët) dhe majdanozin e grirë. Masën e ndajmë mes ramekinëve dhe e spërkasim sipër djathin parmixhano të grirë.
f) Piqeni për 18-20 minuta ose derisa të jetë vendosur. Lëreni të ftohet pak para se ta hiqni nga forma dhe ta servirni.
g) Këto mund të hahen të ngrohta ose të ftohta dhe të paketohen në një enë të mbyllur për mëngjes në lëvizje.

21. Quiche me ushqim deti pa kore

PËRBËRËSIT:
- 4 vezë
- 1 filxhan salcë kosi
- 1 filxhan gjizë me pak yndyrë
- ½ filxhan djathë parmixhano
- 4 lugë miell
- 1 lugë çaji pluhur qepë
- ¼ lugë çaji kripë
- 4 ons kërpudha të konservuara; kulluar
- ½ kile djathë Monterey jack
- 8 ons karkaleca sallatë
- 1 lugë çaji lëkurë limoni
- 1 lugë gjelle sipër qepës së gjelbër,
- 8 ons gaforre ose surimi
- 1 lugë çaji lëkurë limoni
- ¼ filxhan bajame të prera në feta
- 15½ ons Salmon i kuq i konservuar
- ½ lugë çaji Barë e keqe e koprës

UDHËZIME:
a) Në një blender bashkoni 7 përbërësit e parë. Përziejini derisa të jetë e qetë. Rregulloni djathin, ushqimet e detit, kërpudhat dhe erëzat në enë me kiche. Hidhni përbërësit e përzier gjatë.

b) Piqni në 350 gradë F. për 45 minuta ose derisa një thikë e futur në qendër të dalë e pastër.

c) Lëreni të qëndrojë 5 minuta para prerjes

22. Tavë për mëngjes Amish

PËRBËRËSIT:

- 1/2 paund proshutë
- 1/2 paund sallam mëngjesi
- 1/2 lugë çaji kripë
- 1/2 lugë çaji piper i zi
- 1/4 lugë çaji pluhur hudhër
- 1 lugë çaji salcë e nxehtë
- 2 patate të mëdha të pjekura, të ftohura dhe të grira
- 1 qepë e vogël, e prerë hollë
- 8 ons djathë çedar i mprehtë, i grirë - i ndarë
- 8 oce djathë zviceran, i grirë - i ndarë
- 6 vezë të rrahura pak
- 1 1/2 filxhan gjizë

UDHËZIME:

a) Filloni duke gatuar proshutën dhe sallamin. Më pëlqen të gatuaj proshutën time në furrë. Thjesht shtroni një fletë pjekjeje të madhe të rrethuar me fletë metalike, vendosni proshutën në tepsi duke u siguruar që pjesët të mos preken. Tavën me proshutë e vendosim në një furrë të FTOHTË në një raft të mesëm.

b) Ndezni furrën në 400 gradë dhe lëreni proshutën të gatuhet për rreth 18-22 minuta, ose derisa proshuta të jetë e bukur dhe e freskët.

c) Ndërkohë që proshuta është duke u gatuar, kaurdisim salsiçen derisa të piqet. Hiqeni nga tigani dhe vendoseni sallamin mënjanë në një pjatë të veshur me peshqir letre. Në të njëjtën tigan kaurdisim qepën e prerë në kubikë. Ju gjithashtu mund të skuqni çdo perime tjetër që dëshironi të përfshini në këtë kohë (speca të kuq ose jeshil, kunguj të njomë, kërpudha, etj.).

d) Kur proshuta të jetë gatuar, hiqeni me kujdes tavën nga furra dhe kalojini proshutën në një pjatë të veshur me peshqir letre. Kur proshuta të ketë kaluar disa minuta për t'u kulluar, presim proshutën dhe sallamin në copa të vogla sa kafshatë.

e) Në një tas të madh kombinoni patatet e grira me kripë, piper të zi, hudhër pluhur dhe salcë të nxehtë. Përziejini me gjizë dhe të gjithë, përveç 1/4-1/2 filxhan, çedër dhe djathë zviceran (do ta përdorni këtë për sipër).

f) Përzieni proshutën dhe sallamin, por sigurohuni që të rezervoni 1/4 filxhan të secilës për pjesën e sipërme.

g) Më pas, përzieni çdo perime të skuqura.

h) Përziejini 6 vezë të rrahura pak.

i) Lyeni me yndyrë një tavë 9 x 13 inç, ose dy tavë më të vegjël nëse dëshironi që një tavë ta hani tani dhe një ta ngrijë më vonë. Përhapeni përzierjen në tavë. Sipër shtoni djathë të rezervuar, proshutë dhe sallam.

j) Në këtë pikë, nëse po e bëni këtë përpara, mbuloni tavën me fletë metalike dhe vendoseni në të

k) frigorifer. Rreth 30 minuta para se ta piqni, hiqeni nga frigoriferi në mënyrë që të fillojë të arrijë në temperaturën e dhomës.

l) Nëse planifikoni ta përgatisni dhe ta piqni në të njëjtën kohë, ngrohni furrën në 350 gradë.

m) Piqeni tavën për 35-40 minuta, ose derisa i gjithë djathi të shkrihet dhe të fryjë, dhe tava të jetë vendosur në mes. Ju ose mund ta hiqni tavën nga furra në këtë kohë, ose të ndizni broilerin tuaj dhe ta zieni tavën për disa minuta për të skuqur djathin.

n) Lëreni tavën të ftohet për disa minuta, më pas priteni në copa dhe shërbejeni.

SNACKS DHE MEZHET

23. Vilë portokall të mbushur

PËRBËRËSIT:

- 4 portokall
- $\frac{1}{2}$ filxhan gjizë
- $\frac{1}{4}$ filxhan boronica të thata
- $\frac{1}{4}$ filxhan fëstëkë të copëtuar ose arra
- Mjaltë për spërkatje

UDHËZIME:

a) Pritini pjesën e sipërme dhe të poshtme të çdo portokalli, duke ekspozuar mishin.
b) Pritini rreth pjesës së brendshme të portokallit, duke e ndarë mishin nga lëvorja.
c) Në një tas, kombinoni gjizën, boronicat e thata dhe fëstëkët e grirë.
d) Mbushni çdo portokall me përzierjen e gjizës.
e) Hidhni mjaltë mbi portokallet e mbushura.
f) Shërbejeni të ftohur.

24. Empanadas me spinaq

PËRBËRËSIT:
PËR PASTËR:
- 16 oce krem djathi, i zbutur
- ¾ filxhan gjalpë, i zbutur
- 2 ½ gota miell
- ½ lugë çaji kripë

PËR MBUSHJE:
- ¼ filxhan qepë, të grirë hollë
- 3 thelpinj hudhre, te grira
- 4 feta proshutë, të gatuara dhe të grimcuara
- 1 lugë gjelle pikon proshutë
- 10 ons spinaq, i ngrirë, i shkrirë dhe i kulluar
- 1 filxhan gjize
- ¼ lugë çaji piper
- ⅛ lugë çaji arrëmyshk i bluar
- 1 vezë e rrahur

UDHËZIME:
PËR PASTËR:
a) Në një tas të madh përzierjeje, rrahim kremin e djathit të zbutur dhe gjalpin e zbutur derisa të jenë të lëmuara. Për këtë mund të përdorni një mikser, pasi përzierja është e rëndë.

b) Shtoni gradualisht miellin dhe kripën. Ziejmë lehtë brumin me dorë derisa të bashkohet.

c) Mbulojeni brumin me mbështjellës plastik dhe vendoseni në frigorifer për të paktën 3 orë.

PËR MBUSHJE:
d) Në një tigan të mesëm, gatuajmë qepën e grirë dhe hudhrën e grirë në pikon e proshutës derisa qepa të jetë e butë, por jo e skuqur.

e) Përzieni proshutën e grirë, spinaqin e shkrirë dhe të kulluar, gjizën, piperin dhe arrëmyshkun e bluar. Lëreni përzierjen të ftohet.

KUVENDI:

f) Ngrohni furrën tuaj në 450°F (230°C).
g) Hapeni petën e ftohur në një sipërfaqe të lyer me miell në një trashësi prej $\frac{1}{8}$ inç.
h) Duke përdorur një prestar të rrumbullakët 3 inç, prisni rrathët nga pasta.
i) Vendosni afërsisht 1 lugë çaji nga mbushja e përgatitur në njërën anë të çdo rrethi pasticerie, vetëm jashtë qendrës.
j) Lyejeni skajin e rrethit të pastë me vezën e rrahur.
k) Palosni brumin përgjysmë mbi mbushjen, duke krijuar një empanada gjysmërrethore.
l) Mbyllni skajet duke i shtypur me maja të pirunit.
m) Përdorni pirunin për të hapur pjesën e sipërme të secilës pastë për të krijuar një vrimë.
n) Vendosni empanadat në një tepsi të pa yndyrë.
o) Lyejeni majat e empanadave me vezën e rrahur.
p) Piqini në furrën e nxehur më parë për 10 deri në 12 minuta ose derisa të marrin ngjyrë kafe të artë.
q) Shijoni empanadat tuaja të shijshme me spinaq!

25. aziatike djathë vilë

PËRBËRËSIT:

- 400 gram gjizë
- 200 gram domate koktej
- 160 gram miell
- 1 filxhan borzilok të freskët
- 1 filxhan qiqra të freskëta
- 1 lugë gjelle vaj ulliri
- 1 lugë gjelle barishte aziatike
- Një majë kripë deti të trashë
- Një majë me kokrra të plota piper ylber

UDHËZIME:

a) Ngrohni furrën tuaj në 200°C (392°F) për të siguruar rezultatet më të mira për krisurat tuaja.

b) Filloni duke larë domatet e koktejit, duke hequr lëngun dhe farat e tyre dhe duke i prerë në kubikë të imët. Pritini hollë borzilokun e freskët dhe qiqrat.

c) Në një enë bashkojmë gjizën, borzilokun e freskët dhe qiqrat e freskëta me miellin. Rregullojeni përzierjen me një majë kripë deti Kotányi dhe kokrra piper ylber sipas shijes tuaj. Përzieni 1 lugë gjelle barishte aziatike Kotányi dhe përzieni tërësisht.

d) Shtroni një tepsi me letër furre dhe lyejeni me vaj ulliri. Formoni masën në formë të rrumbullakët dhe vendosini në tepsi. Piqeni në furrën e nxehur më parë për rreth 8-10 minuta. Mos harroni t'i ktheni rrotullat në gjysmë të kohës së gatimit dhe sipër i hidhni domatet e grira hollë.

26. Qofte për koktej

PËRBËRËSIT:
- ¼ filxhan Gjizë pa yndyrë
- 2 te bardha veze
- 2 lugë çaji Salcë Worcestershire
- ½ filxhan Plus 2 lugë gjelle thërrime buke të zakonshme
- 8 ons gjoks gjeldeti të bluar
- 6 ons sallam gjeldeti; hequr nga zorrët
- 2 lugë gjelle Qepë të grira
- 2 lugë gjelle Specat jeshil te grire
- ½ filxhan Majdanoz të freskët dhe gjethe selino të grira

UDHËZIME:
a) Spërkatni një fletë biskotash me llak që nuk ngjit dhe lëreni mënjanë.

b) Në një tas të madh, përzieni së bashku gjizën, të bardhat e vezëve, salcën Worcestershire dhe ½ filxhan me thërrimet e bukës. Përzieni gjoksin e gjelit të detit, sallamin e gjelit, qepët dhe specat jeshilë.

c) Formoni masën e pulës në 32 qofte. Në një fletë letre dylli, bashkoni majdanozin, gjethet e selinos dhe 2 lugët e mbetura të thërrimeve të bukës. Rrotulloni qoftet në përzierjen e majdanozit derisa të mbulohen në mënyrë të barabartë.

d) I kalojmë qoftet në fletën e përgatitur të biskotave. Ziejini 3 deri në 4 inç nga zjarri për 10 deri në 12 minuta.

27. Gjizë dhe rrota ananasi

PËRBËRËSIT:

- 2 1 oz 30 g feta pa kore Bukë e bardhë
- 2 lugë çaji Përhapje me pak yndyrë.
- 2 ons 60 g Gjizë me pak yndyrë me ananas
- Bajame ose kikirikë të pakripur të grira imët

UDHËZIME:

a) Mbulojini fetat e bukës në mënyrë të barabartë me përhapjen me pak yndyrë.

b) Rezervoni 2 lugë gjizë dhe pjesën tjetër ndajeni mes bukës që mbuloni sipërfaqen.

c) Rrotulloni në forma salçiçesh

d) Grini gjizën e rezervuar me një lugë çaji derisa të jetë homogjene dhe më pas shpërndajeni pak në gjatësinë e sanduiçit të mbështjellë.

e) Spërkatini lehtë arrat e grira dhe spërkatini përgjatë rrotullës. Shërbejeni menjëherë.

28. Kungull i njomë ëmbëlsirë

PËRBËRËSIT:

- 2 vezë
- ⅔ filxhan gjizë me pak yndyrë
- 2 feta bukë e bardhë ose WW e thërrmuar
- 6 lugë çaji Sheqer
- 1 dash Kripë
- ½ lugë çaji pluhur pjekjeje
- 2 lugë çaji vaj vegjetal
- 1 lugë çaji ekstrakt vanilje
- ½ lugë çaji kanellë të bluar
- ¼ lugë çaji arrëmyshk i bluar
- ⅛ lugë çaji piper i grirë
- 2 lugë rrush të thatë
- 1 filxhan kungull i njomë i grirë në fund të paqëruar

UDHËZIME:

a) Kombinoni të gjithë përbërësit përveç rrushit të thatë dhe kungujve. Përziejini derisa të jetë e qetë.

b) Hidheni përzierjen në një tas.

c) Përzieni kungull i njomë dhe rrush të thatë në përzierjen e vezëve.

d) Ngrohni paraprakisht një tigan ose tigan që nuk ngjit mbi nxehtësinë mesatare-të lartë.

e) Hidheni brumin në tigan me një lugë të madhe, duke bërë ëmbëlsira 4 inç.

f) Kthejini skuqjet me kujdes kur skajet të duken të thata.

29. Sheshe sufle djathi Kili

PËRBËRËSIT:
- 8 lugë gjelle gjalpë të vërtetë
- ½ filxhan miell
- 1 lugë çaji pluhur pjekjeje
- pak kripë
- 10 vezë
- 7 ons mund të djegin djegës jeshil të pjekur, të kulluar
- 2 gota gjizë
- 1 kile djathë Monterey jack, i grirë

UDHËZIME:
a) Pritini gjalpin në copa të mëdha dhe vendoseni në një tigan 9×13.
b) E vendosim tavën në furrë dhe e ngrohim në 400 gradë.
c) Rrihni së bashku miellin, pluhurin për pjekje dhe kripën në një tas të madh përzierjeje.
d) Shtoni 1-2 vezë dhe përzieni masën derisa të mos ketë gunga.
e) Shtoni vezët e mbetura dhe rrihni derisa të jenë të lëmuara.
f) Hidhni specin djegës jeshil, gjizën dhe djathin dhe përzieni derisa të kombinohen.
g) Hiqeni tavën nga furra dhe anoni tavën në mënyrë që gjalpi të lyhet në të gjithë, më pas derdhni me kujdes gjalpin në përzierjen e vezëve dhe përzieni që të bashkohet.
h) Hidheni përsëri përzierjen në tiganin e ngrohtë.
i) Kur furra të jetë nxehur më parë vendoseni tavën në furrë dhe gatuajeni për 15 minuta.

j) Ulni nxehtësinë në 350 dhe gatuajeni edhe për 35-40 minuta të tjera, ose derisa pjesa e sipërme të jetë e artë dhe të skuqet pak.

k) Lëreni të ftohet për 10 minuta përpara se ta prisni në katrorë dhe ta shërbeni.

30. Roll-ups spinaq

PËRBËRËSIT:
- 6 ons petë lasagna, të papjekura
- 10 ons Spinaq, i ngrirë
- 1 filxhan gjize me pak yndyre 2%
- 2 lugë parmixhano, i grirë në rende
- $\frac{3}{4}$ lugë çaji arrëmyshk
- $\frac{1}{4}$ lugë çaji Piper
- $\frac{1}{2}$ lugë çaji lëvore portokalli
- $\frac{1}{2}$ lugë gjelle thelpi hudhër të grirë
- $\frac{1}{2}$ filxhan Qepë të copëtuar
- 3 lugë vaj ulliri ekstra të virgjër
- $\frac{1}{2}$ lugë gjelle borzilok, i tharë
- 16 ons salcë domatesh, e konservuar

UDHËZIME:
a) Ndërsa 8 petët lazanja gatuhen.
b) Përzieni përbërësit 2 deri në 7 për mbushjen.
c) Ftoheni petët e gatuara dhe i shtroni të sheshta.
d) Hidhni dy ose tre lugë nga mbushja mbi petët e gatuara dhe i rrotulloni nga fundi në fund.
e) Ngrihuni në një tavë prej dy litrash ose tetë inç katror të lyer me yndyrë.
f) Përgatitni salcën nga pjesa tjetër e përbërësve .
g) Kaurdisni hudhrën dhe qepën në vaj ulliri derisa të zbuten.
h) Shtoni borzilokun dhe salcën e domates. Përziejeni që të përzihet plotësisht.
i) Hidhni sipër petët e lazanjave dhe piqini në 350 për 20 minuta.

31. Bare djathi Cottage Strawberry

PËRBËRËSIT:
- 16 ons kuti kartoni gjizë
- 2 luge miell
- 3/4 filxhan sheqer
- 2 vezë të rrahura mirë
- Lëkurë limoni e grirë
- 2 lugë gjelle lëng limoni
- 1/4 filxhan krem i trashë
- Një majë kripë
- 2 lugë çaji vanilje
- 1/2 lugë çaji arrëmyshk
- 1/2 filxhan rrush të thatë
- 1/2 filxhan arra të copëtuara
- 1 filxhan luleshtrydhe të freskëta, të prera dhe të prera në feta plus më shumë për zbukurim
- Gjethet e mentes, për zbukurim

UDHËZIME:
a) Ngrohni furrën tuaj në 350°F (175°C).
b) Përgatitni një enë pjekjeje duke e lyer me llak gatimi ose gjalpë.

PËRGATITNI MBUSHJEN:
c) Në një tas të madh, bashkoni gjizën, miellin, sheqerin, lëkurën e limonit, lëngun e limonit, ajkën e trashë, kripën, vaniljen, arrëmyshkun dhe rrushin e artë.
d) I trazojmë derisa të gjithë përbërësit të bashkohen mirë.
e) Palosni butësisht luleshtrydhet e freskëta të prera në përzierje. Luleshtrydhet do të shtojnë një aromë frutash në shufra.

PJEK:

f) Derdhni masën në enën e përgatitur për pjekje dhe shpërndajeni në mënyrë të barabartë.
g) Sipër spërkatni arrat e grira.
h) Piqni për rreth 45 minuta, ose derisa të vendosen shufrat.
i) Pasi të keni mbaruar pjekjen, mund të spërkatni pak arrëmyshk sipër për aromë të shtuar.
j) Dekoroni me disa luleshtrydhe të freskëta dhe gjethe nenexhiku.
k) Ftoheni para prerjes.

32. Patëllxhanë të mbushur

PËRBËRËSIT:

- 4 patëllxhanë të vegjël të përgjysmuar për së gjati
- 1 lugë çaji lëng limoni të freskët
- 1 lugë çaji vaj vegjetal
- 1 qepë e vogël, e grirë
- ¼ lugë çaji hudhër, e copëtuar
- ½ e një domate të vogël, të copëtuar
- Kripë dhe piper i zi i bluar sipas dëshirës
- 1 lugë gjizë, e grirë
- ¼ e specit jeshil, me fara dhe të prera
- 1 lugë gjelle pastë domate
- 1 lugë gjelle cilantro e freskët, e copëtuar

UDHËZIME:

a) Prisni me kujdes një fetë nga njëra anë e çdo patëllxhani për së gjati.

b) Me një lugë të vogël, hiqni mishin nga çdo patëllxhan, duke lënë një lëvozhgë të trashë.

c) Transferoni mishin e patëllxhanit në një tas.

d) Spërkatni patëllxhanët me lëng lime në mënyrë të barabartë.

e) Shtypni butonin AIR OVEN MODE të furrës dixhitale Ninja Foodi dhe rrotulloni çelësin për të zgjedhur modalitetin "Air Fry".

f) Shtypni butonin KOHA/FETAT dhe rrotulloni sërish çelësin për të vendosur kohën e gatimit në 3 minuta.

g) Tani shtypni butonin TEMP/SHADE dhe rrotulloni çelësin për të vendosur temperaturën në 320 °F.

h) Shtypni butonin "Start/Stop" për të filluar.

i) Kur njësia të bie për të treguar se është ngrohur paraprakisht, hapni derën e furrës.

j) Vendosini patëllxhanët e zgavruar në koshin e skuqur me yndyrë dhe futini në furrë.
k) Ndërkohë në një tigan ngrohim vajin në zjarr mesatar dhe kaurdisim qepën dhe hudhrën për rreth 2 minuta.
l) Shtoni mishin e patëllxhanit, domaten, kripën dhe piperin e zi dhe skuqeni për rreth 2 minuta.
m) Përzieni djathin, piperin zile, pastën e domates dhe cilantron dhe gatuajeni për rreth 1 minutë.
n) Hiqeni tiganin e përzierjes së perimeve nga zjarri.
o) Kur të përfundojë koha e gatimit, hapni derën e furrës dhe vendosni patëllxhanët e gatuar në një pjatë.
p) Mbushni çdo patëllxhan me përzierjen e perimeve.
q) Mbylleni secilën me pjesën e saj të prerë.

33. Kërpudha të mbushura me djathë

PËRBËRËSIT:
- 1 lugë gjelle gjalpë, i zbutur
- 1 qepe, e prerë
- 2 thelpinj hudhre, te grira
- 1 ½ filxhan gjizë, në temperaturë ambienti
- 1/2 filxhan djathë Romano, i grirë
- 1 spec i kuq zile, i grire
- 1 spec zile jeshile, i grire
- 1 piper jalapeno, i grire
- 1/2 lugë çaji borzilok të tharë
- 1/2 lugë çaji rigon të tharë
- 1/2 lugë çaji rozmarinë të tharë
- 10 kërpudha butona me madhësi të mesme, kërcelli i hequr

UDHËZIME:
a) Shtypni butonin "Sauté" për të ngrohur tenxheren tuaj të menjëhershme. Pasi të jetë nxehtë, shkrini gjalpin dhe kaurdisni qepujt derisa të jenë të buta dhe të tejdukshme.
b) Hidhni hudhrën dhe gatuajeni edhe 30 sekonda të tjera ose derisa të jetë aromatike. Tani, shtoni përbërësit e mbetur, përveç tapave të kërpudhave, dhe përzieni që të bashkohen mirë.
c) Më pas, mbushni kapakët e kërpudhave me këtë përzierje.
d) Shtoni 1 filxhan ujë dhe një shportë me avull në tenxheren tuaj të menjëhershme. Renditni kërpudhat e mbushura në koshin e avullit.
e) Siguroni kapakun. Zgjidhni modalitetin "Manual" dhe Presionin e Lartë; gatuaj për 5 minuta. Pasi të përfundojë

gatimi, përdorni një çlirim të shpejtë të presionit; hiqni me kujdes kapakun.
f) Vendosim kërpudhat e mbushura në një pjatë servirjeje dhe shërbejmë. Kënaquni!

34. Topa gjizë me glazurë çokollate

PËRBËRËSIT:
- 500 gram gjizë me yndyrë
- 300 gram vaj kokosi
- 2 lugë gjelle. E lëkurës
- 100 gram çokollatë të zezë
- 50 ml krem

UDHËZIME:
a) Në një tas të madh përzierjeje, bashkoni gjizën dhe lëkurën. Përzieni 200 gram vaj kokosi derisa përzierja të jetë e qëndrueshme në ngjyrë.

b) Duhet të formohen topa të vegjël dhe më pas të vendosen në një enë para se të ngrihen për 15 minuta. Shkrini copat e çokollatës në një banjë me ujë mbi nxehtësinë e ulët. Duhet shtuar 100 gram vaj kokosi dhe krem.

c) Gatuani për 5 minuta pasi e keni përzier masën. Topthat e gjizës së ngrirë i vendosim në frigorifer për 25 minuta pasi i lyejmë me glazurë çokollate.

35. Topa të susamit me djathë vilë

PËRBËRËSIT:
- 16 ons djathë fermerësh ose gjizë
- 1 filxhan bajame të grira hollë
- 1 dhe 1/2 filxhan bollgur

UDHËZIME:
a) Në një tas të madh, kombinoni gjizën e përzier, bajamet dhe tërshërën.
b) Bëni topa dhe rrotulloni në përzierjen e farave të susamit.

36. Biskota me gjizë

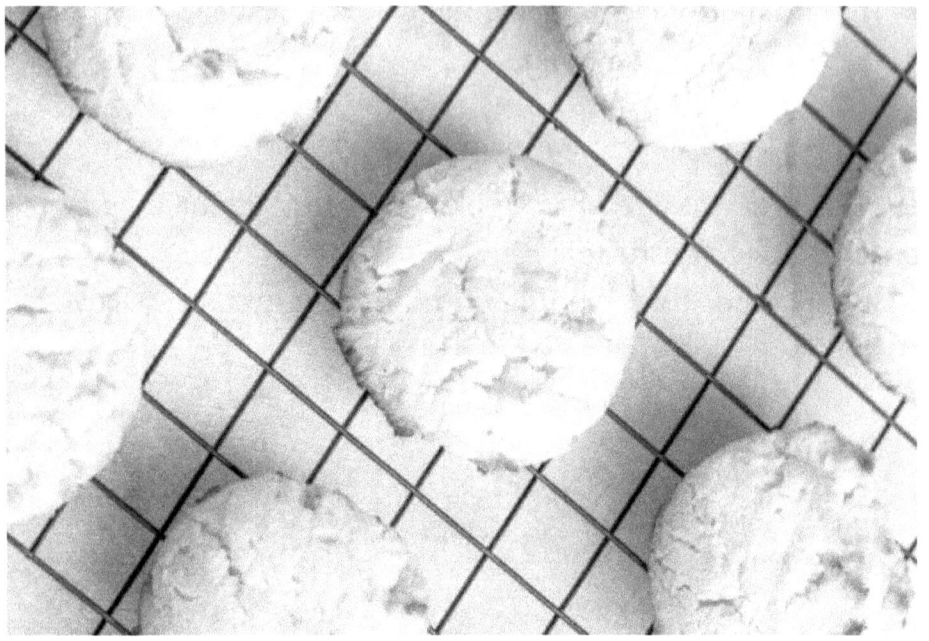

PËRBËRËSIT:
- ½ filxhan gjalpë ose zëvendësues gjalpi
- 1½ filxhan miell
- 2 lugë çaji pluhur pjekjeje
- ½ filxhan gjizë
- ½ filxhan Sheqer
- ½ lugë çaji kripë

UDHËZIME:
a) Krem gjalpin dhe djathin derisa të përzihen plotësisht. Shosni miellin, masni dhe shoshitni me sheqer, pluhur pjekje dhe kripë. Shtoni gradualisht në përzierjen e parë. Formojeni në një bukë. Ftoheni gjatë natës. Fetë hollë.

b) Vendoseni në një tepsi të lyer pak me vaj. Piqni në një furrë të moderuar (400 F) për 10 minuta, ose derisa të marrin një ngjyrë kafe delikate.

37. Biskota me tërshërë me gjizë

PËRBËRËSIT:

- 1 filxhan miell
- 1 lugë çaji Kripë
- $\frac{1}{2}$ lugë çaji sodë buke
- 1 lugë çaji kanellë
- $1\frac{1}{2}$ filxhan Sheqer
- $\frac{1}{2}$ filxhan melasa
- 1 vezë e rrahur
- 1 lugë çaji lëvore limoni
- 1 lugë gjelle lëng limoni
- $\frac{3}{4}$ filxhan Shkurtim i shkrirë
- $\frac{1}{2}$ filxhan gjizë të pjekur
- 3 gota tërshërë të mbështjellë gatimi të shpejtë

UDHËZIME:

a) Shosh miellin, kripën, sodën e bukës dhe kanellën. Përziejini pesë përbërësit e ardhshëm , më pas shtoni përzierjen e miellit të situr, shkurtimin dhe gjizën.

b) Përziejini në tërshërë të mbështjellë. Hidhini me lugë çaji në një tepsi të lyer me yndyrë dhe piqini në 350-375 derisa të jenë gati.

38. Kafshimet e vezëve të Sous Vide

PËRBËRËSIT:

- 1/2 lugë çaji kripë
- 4 vezë
- 4 feta proshutë, të prera
- 3/4 filxhan djathë parmixhano, i grirë
- 1/2 filxhan gjizë, e grirë
- 1/4 filxhan krem i rëndë
- 1 gotë ujë

UDHËZIME:

a) Ndezni tenxheren e menjëhershme, shtypni butonin 'squj/zier', prisni derisa të nxehet dhe shtoni proshutën.

b) Gatuani proshutën e grirë për 5 minuta ose më shumë derisa të bëhet krokante, vendoseni në një pjatë të veshur me peshqir letre, lëreni të pushojë për 5 minuta dhe më pas thërrmoni.

c) Thyeni vezët në një tas, rregulloni me kripë, shtoni djathërat dhe kremin dhe përziejini derisa të jetë homogjene. Shpërndani proshutën e thërrmuar në mënyrë të barabartë midis kallëpeve të një tabakaje silikoni, të lyer me vaj, më pas derdhni masën e vezëve deri në 3/4 e plotë dhe mbulojeni tepsinë lirshëm me fletë metalike.

d) Shtypni butonin 'mbaj ngrohtë', derdhni ujë në tenxheren e menjëhershme, më pas futni mbajtësen e stolisjes dhe vendosni tabakanë silikoni mbi të.

e) Mbyllni tenxheren e menjëhershme me kapakun e saj në pozicionin e mbyllur, më pas shtypni butonin 'avull', shtypni '+/-' për të vendosur kohën e gatimit në 8 minuta dhe gatuajeni në presion të lartë; kur presioni rritet në tenxhere, do të fillojë kohëmatësi i gatimit.

f) Kur tenxherja e menjëhershme gumëzhin, shtypni butonin 'mbaj ngrohtë', lirojeni natyrshëm presionin për 10 minuta, më pas bëni një çlirim të shpejtë të presionit dhe hapni kapakun. Nxirreni tepsinë, zbulojeni dhe kthejeni tiganin në një pjatë për të hequr kafshimet e vezëve.

39. Trungjet e selino

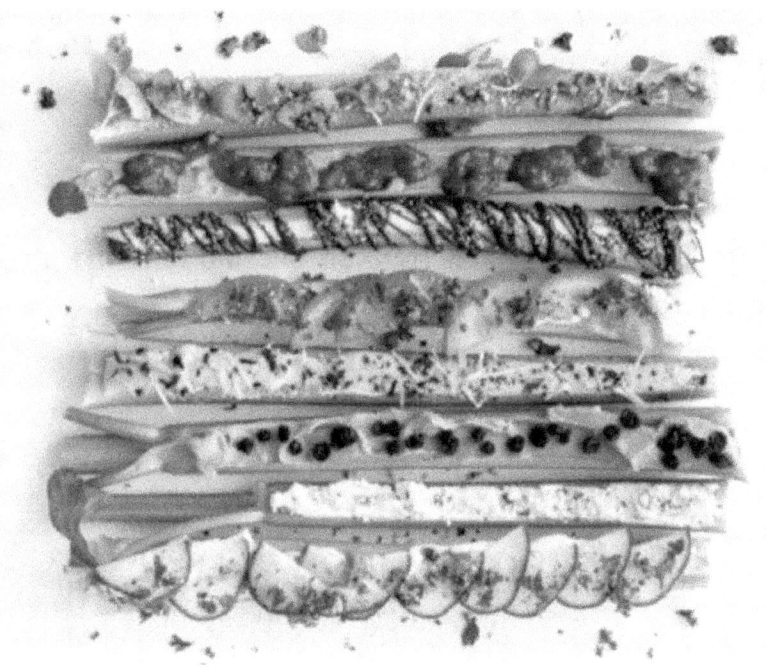

PËRBËRËSIT:

- 1 karotë, e grirë
- $\frac{1}{4}$ filxhan rrush të thatë
- $\frac{1}{2}$ filxhan gjizë me pak yndyrë
- 6 bishta selino, të prera në copa 3 inç

UDHËZIME:

a) Në një tas të vogël, përzieni së bashku karotat, rrushin e thatë dhe gjizën.

b) Sipër copat selino me përzierje.

40. Kërpudha të mbushura me gjizë

PËRBËRËSIT:

- 12 kërpudha të mëdha, të pastruara dhe të hequra kërcellet
- 1 filxhan gjize
- 1/4 filxhan djathë mocarela e grirë
- 2 lugë majdanoz të freskët, të grirë
- 1/2 lugë çaji pluhur hudhër
- Kripë dhe piper për shije

UDHËZIME:

a) Ngrohni furrën tuaj në 375°F (190°C).
b) Në një tas, kombinoni gjizën, djathin mocarela, majdanozin e grirë dhe hudhrën pluhur.
c) I rregullojmë me kripë dhe piper, duke e rregulluar sipas shijes.
d) Mbushni çdo kapak të kërpudhave me përzierjen e gjizës.
e) Vendosni kërpudhat e mbushura në një fletë pjekjeje.
f) Piqni për 15-20 minuta ose derisa kërpudhat të zbuten dhe djathi të shkrihet dhe të ketë marrë ngjyrë të artë.
g) Shërbejeni të nxehtë si një meze të shijshme ose pjatë anësore.

41. Dip gjizë dhe spinaq

PËRBËRËSIT:
- 1 filxhan gjize
- 1 filxhan spinaq i freskët, i grirë hollë
- 1/4 filxhan djathë parmixhano të grirë
- 2 thelpinj hudhre, te grira
- 1 lugë çaji lëng limoni
- Kripë dhe piper për shije

UDHËZIME:
a) Në një procesor ushqimi, kombinoni gjizën, spinaqin e grirë, djathin parmixhano të grirë, hudhrën e grirë dhe lëngun e limonit.
b) Përziejini derisa masa të jetë e qetë.
c) I rregullojmë me kripë dhe piper, duke e rregulluar sipas shijes.
d) Transferoni zhytjen në një tas për servirje.
e) Shërbejeni me perime të freskëta, krisur ose bukë pita.

SANDWICH, MËSHTIM DHE BURGER

42. Burgera me mish qengji maroken dhe harissa

PËRBËRËSIT:

- 500 gr mish qengji i grirë
- 2 lugë pastë harissa
- 1 lugë fara qimnon
- 2 tufa me karota të trashëgimisë
- ½ tufë nenexhik, gjethe të zgjedhura
- 1 lugë gjelle uthull vere të kuqe
- 80 gr djathë Leicester i kuq, i grirë trashë
- 4 simite brioshe me fara, te ndara
- ⅓ filxhan (65 g) gjizë

UDHËZIME:

a) Shtroni një tepsi me letër pjekjeje. Vendoseni mishin e grirë në një tas dhe e rregulloni me bollëk. Shtoni 1 lugë gjelle harissa dhe me duar të pastra përzieni mirë.

b) Formoni përzierjen e qengjit në 4 peta dhe spërkatni me farat e qimnonit. Vendosini në tepsi të përgatitur, mbulojeni dhe ftohni derisa të jetë e nevojshme (përpara se t'i gatuani, sillni petat në temperaturën e dhomës).

c) Ndërkohë, në një tas bashkojmë karrotën, nenexhikun dhe uthullën dhe i lëmë mënjanë të turshitë pak.

d) Ngrohni një tigan për skarë ose grill në nxehtësi mesatare-të lartë. Piqni petat në skarë për 4-5 minuta nga secila anë ose derisa të formohet një kore e mirë. Spërkateni me djathë, më pas mbulojeni (përdorni një fletë metalike nëse përdorni një tigan me skarë) dhe gatuajeni, pa e kthyer, për 3 minuta të tjera ose derisa djathi të shkrihet dhe petat të jenë gatuar.

e) Grijini tufat me briosh, me anën e prerë poshtë, për 30 sekonda ose derisa të skuqen lehtë. Ndani gjizën midis bazave të simiteve, më pas shtoni përzierjen e karotave turshi.

f) Shtoni petat dhe 1 lugë gjelle të mbetur harissa. Vendosni kapakët, duke i shtrydhur në mënyrë që harissa të rrjedhë nga anët dhe të ngecë brenda.

43. Brusketa me chard zvicerane

PËRBËRËSIT:
- ½ paund chard e kuqe zvicerane
- 4 thelpinj hudhre, te grira
- Sprej gatimi me vaj ulliri që nuk ngjit
- 2 lugë ujë
- 1 lugë gjelle Kopër e grirë
- Kripë dhe piper
- ½ filxhan gjizë pa yndyrë
- 24 feta bukë franceze, e thekur
- 2 lugë çaji Gjalpë
- ½ filxhan thërrime buke të freskëta

UDHËZIME:
a) Hiqni kërcellet nga drithi dhe pritini në copa ½ inç. Pritini gjethet në copa 2 inç.
b) Skuqni bishtat e grimcave të copëtuara dhe 2 thelpinj hudhër në një tigan të spërkatur me spërkatje gatimi që nuk ngjit mbi nxehtësinë mesatare për 1 minutë.
c) Shtoni ujin, ulni zjarrin dhe ziejini të mbuluara derisa të zbuten për rreth 10 minuta.
d) Përzieni gjethet e grira të grimcave dhe ziejini në zjarr të lartë derisa të veniten, 1 deri në 2 minuta.
e) Ulni nxehtësinë, mbulojeni dhe ziejini për 10 minuta të tjera.
f) Hiqeni nga zjarri dhe përzieni me kopër. I rregullojmë sipas shijes me kripë dhe piper. Le menjane.
g) Pure gjizë në një blender ose procesor ushqimi deri sa të jetë e qetë.
h) Përzieni kripën për shije. Shkrini gjalpin në një tigan të vogël mbi nxehtësinë mesatare-të ulët.

i) Shtoni 2 thelpinj hudhra të mbetura dhe skuqini, duke e trazuar, derisa të zbuten, por jo të skuqen, rreth 1 minutë.
j) Hidhni thërrimet e bukës për t'u lyer me hudhër dhe gjalpë dhe gatuajeni, duke e trazuar, derisa të marrin ngjyrë kafe, 1 deri në 2 minuta.
k) Përhapeni rreth 1 lugë çaji gjizë pure në secilën fetë bukë të thekur.
l) Hidhni sipër rreth 1 lugë drithë, më pas spërkatni me thërrime buke të thekura.

44. Sanduiç Paneer Bhurji

PËRBËRËSIT:
- ½ lugë çaji djegës jeshil, të copëtuar
- 1 ½ lugë gjelle koriandër të freskët, të copëtuar
- 4 Feta buke
- ½ filxhan gjizë
- 2 lugë gjelle domate
- ¼ lugë çaji piper pluhur
- Një majë pluhur shafran i Indisë
- ¼ lugë çaji fara qimnoni
- Kripë
- 1 ½ lugë çaji Gjalpë i kulluar

UDHËZIME:
a) Në një tigan ngrohni ghee ose vaj dhe shtoni farat e qimnonit.
b) Kur farat fillojnë të kërcasin, shtoni specat e gjelbër dhe përzieni.
c) Përzieni domaten e grirë për disa sekonda, ose derisa të zbutet.
d) Përzieni në të shafranin e Indisë dhe paneer.
e) Hidhni piper pluhur, kripë dhe përzieni për disa sekonda.
f) Përziejmë në tigan korianderin e grirë.
g) Lyejeni gjalpin në njërën anë të secilës bukë.
h) Vendosni një fetë në skarë dhe mbi të shpërndani gjysmën e mbushjes me paneer.
i) Mbulojeni me një copë bukë, me anë të gjalpit lart dhe piqeni në skarë derisa të marrë ngjyrë të artë.
j) E heqim nga grila dhe e presim në dy pjesë.

45. Burritos me viç dhe djathë

PËRBËRËSIT:

- 4 ons mish viçi i bluar, i ligët
- 4 Qepë të njoma, të prera në feta
- 1 thelpi hudhër, e grirë
- ½ filxhan salsa
- ½ filxhan gjizë me pak yndyrë
- 1 lugë çaji niseshte misri
- ¼ lugë çaji rigon të tharë. i grimcuar
- 2 tortilla me miell, 6 inç
- ¼ filxhan djathë Mocarela, i grirë

UDHËZIME:

a) Gatuani mishin e grirë, qepët dhe hudhrën në një tenxhere të vogël derisa viçi të mos jetë më rozë dhe qepa të jetë e butë. Kulloni yndyrën.

b) Kombinoni 2 T salsa, gjizë, niseshte misri dhe rigon. Shtoni në përzierjen e mishit në tenxhere.

c) Gatuani dhe përzieni derisa të trashet dhe të marrë flluska. Gatuani dhe përzieni edhe për 2 minuta.

d) Ndani përzierjen e mishit midis tortilave; rrotullohem. Mbulojeni dhe mbajeni të ngrohtë. Në të njëjtën tenxhere, ngrohni salsa e mbetur. Hidhni sipër burritos. Sipër i hidhet djathi.

46. Mollë e pjekur në skarë mbi kifle me brumë të thartë

PËRBËRËSIT:
- 1 mollë e vogël Red Delicious
- ½ filxhan gjizë
- 3 lugë qepë vjollce të prera imët
- 2 kifle angleze me brumë të thartë, të ndarë dhe të thekur
- ¼ filxhan djathë blu i grimcuar

UDHËZIME:
a) Në një tas të vogël, bashkoni gjizën dhe qepën dhe përzieni plotësisht.

b) Në çdo gjysmë kifle, shpërndani rreth 2 lugë çaji me përzierje gjizë.

c) Vendosni 1 unazë molle sipër çdo filxhani kifle; në mënyrë të barabartë, spërkatni djathin blu të thërrmuar mbi unazat e mollës.

d) Vendoseni në një tavë pjekjeje dhe piqeni në skarë për 1-12 minuta, ose derisa djathi blu të shkrihet, 3 inç nga flaka.

47. Chipotle Cheddar Quesadilla

PËRBËRËSIT:

- 4 Tortila
- 2 gota gjizë
- 2 gota djathë çedar, i grirë)
- 1 spec i kuq zile, i prere holle)
- 1 filxhan kërpudha Portobello, të prera hollë
- 2-3 lugë erëza Chipotle
- Salsa e butë (për zhytje)

UDHËZIME:

a) Shtoni specin zile (të prerë në feta, të kuqe) dhe kërpudhat (të prera) në një tigan të madh grill mbi nxehtësinë mesatare.

b) Gatuani për rreth 10 minuta derisa të zbuten. Hiqeni më pas transferojeni në një enë (të mesme). Le menjane.

c) Shtoni erëzat e çipotles dhe gjizën në një tas të vogël. I trazojmë mirë që të përfshihen.

d) Vendosni tortillat në tiganin e skarës dhe derdhni përzierjen e perimeve mbi tortillat.

e) Spërkateni sipër përzierjen e gjizës dhe më pas mbulojeni duke përdorur djathin çedër (të grirë).

f) Vendosni një tortilla shtesë mbi pjesën e sipërme të mbushjes.

g) Gatuani për rreth 2 minuta dhe më pas kthejeni dhe vazhdoni gatimin edhe për një minutë.

h) Përsëriteni procesin me tortillat e mbetura dhe mbushjen.

i) Shërbejeni menjëherë me salsa (të butë).

KURS KRYESOR

48. Mollë dhe djathë të pjekur në skarë

PËRBËRËSIT:

- 1 i vogël Mollë e shijshme e kuqe
- $\frac{1}{2}$ filxhan 1% gjizë me pak yndyrë
- 3 lugë gjelle Qepë vjollce e grirë imët
- 2 Kifle angleze me brumë të thartë, të ndarë dhe të thekur
- $\frac{1}{4}$ filxhan Djathë blu i grimcuar

UDHËZIME:

a) Thërrmoni mollën dhe priteni në mënyrë tërthore në 4 unaza ($\frac{1}{4}$ inç); le menjane.

b) Bashkoni gjizën dhe qepën në një tas të vogël dhe përzieni mirë. Përhapeni rreth 2-$\frac{1}{2}$ lugë gjelle me përzierje gjizë në secilën gjysmë kifle.

c) Mbi çdo gjysmë kifle hidhni 1 unazë molle; spërkatni djathin blu të thërrmuar në mënyrë të barabartë mbi unazat e mollës. Vendoseni në një fletë pjekjeje.

d) Ziejeni 3 inç nga nxehtësia për 1-$\frac{1}{2}$ minuta ose derisa djathi blu të shkrihet.

49. Ravioli djathi me rozmarinë dhe limon

PËRBËRËSIT:
- 1 pako (16 ons) ravioli djathi
- 1 filxhan gjizë pa yndyrë
- ½ filxhan qumësht i skremuar i avulluar
- 1 lugë çaji rozmarinë e tharë
- ¼ lugë çaji kripë
- ¼ lugë çaji piper i zi i sapo bluar
- 2 lugë çaji lëng limoni të freskët
- ¼ filxhan Parmixhan i grirë imët
- 3 lugë qepë të freskët të prerë
- 1 lugë çaji lëvore limoni të grirë imët
- Pika limoni; opsionale

UDHËZIME:
a) Gatuani makaronat sipas paketimit. Kullojini dhe lërini mënjanë.

b) Nëse është e nevojshme, mbulojeni për të mbajtur ngrohtë.

c) Ndërkohë, në një blender ose procesor ushqimi, përzieni ose përpunoni gjizën, qumështin, rozmarinën, kripën dhe piperin derisa të jenë të lëmuara. Lëreni mënjanë përzierjen e gjizës.

d) Kombinoni djathin parmixhano, qiqrat dhe lëkurën e limonit.

e) Kullojini raviolit dhe kalojini në një tas. Hidhni lëngun e limonit mbi raviolit e nxehtë dhe hidheni butësisht. Më pas hidhni sipër përzierjen e gjizës dhe hidheni butësisht derisa të lyhet.

f) Për t'i shërbyer, transferojini raviolit në pjata.

g) Spërkatni përzierjen e djathit-qipqeve-lëvozhgës së limonit sipër çdo shërbimi. Nëse dëshironi, shërbejeni me copa limoni.

50. Lazanja me ravioli

PËRBËRËSIT:
- 1 pako ravioli me djathë të ngrirë
- 20 ons gjizë
- 2 vezë
- 10 ons spinaq të ngrirë
- 2 gota djathë mocarela; i copëtuar
- ½ filxhan djathë parmixhano; të grira
- 1 lugë çaji erëza italiane ose pica
- Salcë spageti me mish

UDHËZIME:
a) Përgatitni salcën tuaj të preferuar të spagetit me mish.
b) Përzieni gjizën, erëzat, vezët, djathin parmixhano, spinaqin dhe 1 filxhan djathë mocarela.
c) Në një enë të madhe drejtkëndëshe vendosim salcë, gjysmën e raviolit, gjysmën e përzierjes së djathit, një shtresë tjetër salcë, gjysmën tjetër të raviolit, pjesën tjetër të përzierjes së djathit dhe e mbyllim me një shtresë salcë.
d) Piqeni në 300 gradë për rreth 30 minuta.
e) Sipër vendosni djathin e mbetur mocarela dhe kthejeni në furrë derisa djathi të shkrihet.

51. Byrek me lasagna Carbquik

PËRBËRËSIT:
- ½ filxhan gjizë
- ¼ filxhan djathë parmixhano të grirë
- 1 kile mish viçi i bluar, i skuqur dhe i kulluar
- 1 filxhan djathë mocarela e grirë, e ndarë
- 1 lugë çaji rigon të tharë
- ½ lugë çaji borzilok të thatë
- 6 ons pastë domate
- 1 filxhan karbohidrate numërimi mbrapsht 2%
- 2 vezë të mëdha
- ⅔ filxhan Carbquik
- 1 lugë çaji kripë
- ¼ lugë çaji piper

UDHËZIME:

a) Ngrohni furrën tuaj në 400°F (375°F nëse përdorni një enë pjekjeje qelqi). Lyeni me yndyrë një tavë katrore 8 inç dhe lëreni mënjanë.

b) Në tavën e përgatitur shtrojmë gjizën dhe djathin parmixhano të grirë.

c) Në një tas, kombinoni mishin e bluar të zier, ½ filxhan djathë mocarela, rigon të thatë, borzilok të thatë (ose erëza italiane) dhe paste domate. Hidheni me lugë këtë përzierje në mënyrë të barabartë mbi shtresat e djathit.

d) Në një enë tjetër rrihni së bashku qumështin, vezët, Carbquik, kripën dhe piperin derisa masa të bëhet e qetë. Mund të përdorni një blender në temperaturë të lartë për 15 sekonda ose një rrahëse me dorë për 1 minutë.

e) Derdhni përzierjen e vezëve dhe Carbquik në tigan mbi shtresat e mishit dhe djathit.

f) Piqeni në furrën e nxehur më parë derisa byreku të marrë ngjyrë kafe të artë dhe një thikë e futur në qendër të dalë e pastër, e cila duhet të zgjasë rreth 30 deri në 35 minuta.

g) Spërkateni djathin e mbetur të mocarela sipër dhe lëreni byrekun të qëndrojë për 5 minuta përpara se ta shërbeni.

h) Shijoni byrekun tuaj me lasagna, një pjatë me pak karbohidrate dhe të përzemërt që të kujton lazanjat klasike!

52. Lazanja në një filxhan

PËRBËRËSIT:
- 2 fletë makarona lazanja, gati për t'u servirur
- 6 ons ujë
- 1 lugë çaji vaj ulliri ose llak gatimi
- 3 lugë salcë pice
- 4 lugë gjelle Rikota ose gjizë
- 3 lugë gjelle Spinaq
- 1 lugë gjelle djathë çedër
- 2 lugë sallam të gatuar

UDHËZIME:
a) Thyeni fletët e lazanjave dhe vendosini siç duhet brenda filxhanit.
b) Spërkateni me vaj ulliri, shmangni ngjitjen.
c) Mbulojini lazanjat me ujë.
d) Gatuani për 4 minuta në furrë me mikrovalë ose derisa makaronat të duken të buta.
e) Hiqni ujin dhe lërini mënjanë makaronat.
f) Në të njëjtin filxhan, shtoni salcën e picës dhe pak makarona në një filxhan.
g) Shtoni spinaqin, rikotën dhe sallamin në shtresa.
h) Sipër spërkatni djathin çedar.
i) Vazhdoni përsëri shtresat duke filluar me makaronat.
j) Vendoseni në mikrovalë dhe mbulojeni me një mbulesë të sigurt për mikrovalë.
k) Gatuani në furrë me mikrovalë për 3 minuta.
l) Lëreni të ftohet për 2 minuta dhe shijojeni.

53. Focaccia al formaggio

PËRBËRËSIT:
- 1 kile Brumë buke e ngrirë; shkrirë
- 1 vezë
- 1 filxhan gjize
- 2 lugë gjelle parmezan
- $\frac{1}{2}$ lugë çaji borzilok të thatë
- $\frac{1}{2}$ lugë çaji gjethe rigon të thata
- $\frac{1}{4}$ lugë çaji kripë hudhër
- $\frac{1}{4}$ lugë çaji Piper
- $\frac{3}{4}$ filxhan Salcë e përgatitur për pica
- 3 ons Mocarela

UDHËZIME:
a) Ndani brumin e bukës në gjysmë. Shtypeni dhe shtrijeni gjysmën në tepsi të lyer me yndyrë 13x9", duke e shtyrë brumin nga anët për të formuar buzë të cekët. Në tas rrihni vezën, përzieni përbërësit e mbetur përveç salcës së picës dhe mocarelës.

b) Përhapeni në mënyrë të barabartë mbi brumë. Shtrijeni gjysmën e mbetur të brumit që të përshtatet tepsi, vendoseni mbi mbushje dhe shtypni skajet e brumit që të mbyllen plotësisht. Lëreni në një vend të ngrohtë derisa të dyfishohet për rreth 1 orë.

c) Përhapeni salcën e picës në mënyrë të barabartë mbi brumin e bukës, spërkateni me mocarela.

d) Piqni 375, 30 minuta derisa skajet të jenë kore dhe djathi të shkrihet.

e) Ftoheni 5 minuta. Pritini në katrorë.

54. Mish mishi me djathë gjeldeti

PËRBËRËSIT:

- 2 vezë
- 1 kile djathë mocarela, i prerë në kubikë
- 2 kilogram gjeldeti të bluar
- 2 lugë çaji erëza italiane
- $\frac{1}{4}$ filxhan pesto borziloku
- $\frac{1}{2}$ filxhan djathë parmixhano, i grirë
- $\frac{1}{2}$ filxhan salcë marinara, pa sheqer
- 1 filxhan gjize
- 1 lugë çaji kripë

UDHËZIME:

a) Vendoseni raftin në pozicionin e poshtëm dhe mbyllni derën. Zgjidhni modalitetin e pjekjes, vendosni temperaturën në 390 °F dhe vendosni kohëmatësin në 40 minuta. Shtypni çelësin e cilësimeve për t'u ngrohur paraprakisht.
b) Lyejeni një tavë me gjalpë dhe lëreni mënjanë.
c) Shtoni të gjithë përbërësit në tasin e madh dhe përziejini derisa të kombinohen mirë.
d) Transferoni përzierjen në enën e tavës.
e) Pasi njësia të jetë ngrohur paraprakisht, hapni derën, vendoseni enën e tavës në raft dhe mbylleni derën.
f) Shërbejeni dhe shijoni.

55. Lazanja me byrek me vilë angleze

PËRBËRËSIT:

- 9 petë lazanja
- 1 kile mish viçi të bluar
- 1 qepë, e grirë
- 2 karota, të grira hollë
- 1 filxhan bizele të ngrira
- 2 thelpinj hudhre, te grira
- 1 lugë gjelle salcë Worcestershire
- 1 lugë çaji trumzë e thatë
- 1 lugë çaji rozmarinë e tharë
- ½ lugë çaji kripë
- ¼ lugë çaji piper i zi
- 2 gota pure patatesh
- 1 filxhan djathë çedër i grirë

UDHËZIME:

a) Ngrohni furrën tuaj në 375°F (190°C) dhe lyeni pak me yndyrë një enë pjekjeje 9x13 inç.

b) Gatuani petët e lazanjës sipas udhëzimeve të paketimit. Kullojini dhe lërini mënjanë.

c) Në një tigan të madh, ziejini mishin e grirë, qepën e grirë, karotat e grira, bizelet e ngrira dhe hudhrën e grirë derisa mishi të skuqet dhe perimet të zbuten. Kullojeni çdo yndyrë të tepërt.

d) Përzieni salcën Worcestershire, trumzën e thatë, rozmarinë të thatë, kripë dhe piper të zi. Ziejini për 10 minuta.

e) Shtroni një shtresë të hollë të përzierjes së mishit në fund të enës së pjekjes. Sipër vendosni tre petë lazanja.

f) Shtroni një shtresë me pure patatesh mbi petët dhe më pas një shtresë me përzierjen e mishit.

g) Përsëritni shtresat me tre petë lazanja, pure patatesh dhe përzierje mishi.

h) Spërkateni me tre petët e mbetura të lazanjës dhe sipër spërkatni djathin çedar të grirë.

i) Piqeni për 25 minuta derisa djathi të shkrihet dhe të marrë flluska.

Lëreni të ftohet për disa minuta përpara se ta shërbeni.

56. Lazanja me fasule

PËRBËRËSIT:

- 1 lugë gjelle vaj vegjetal
- 1 filxhan qepë të copëtuar
- 3 thelpinj hudhër, të prera
- 14 ons mund salcë domate
- 1 kanaçe e vogël me pastë domate
- 3 lugë gjelle rigon
- 2 lugë borzilok
- ½ lugë çaji paprika
- 1½ filxhan fasule të përziera
- 1½ filxhan gjizë me pak yndyrë
- 2 gota Mocarela me pak yndyrë [E grirë]
- 1 vezë
- 8 petë lasagna [të gatuara]
- 1 lugë çaji gjethe koriandër [të copëtuara]
- 2 lugë djathë parmixhan

UDHËZIME:

a) Thithni fasulet për katër deri në tetë orë. Mbulojini me ujë në një tenxhere dhe vendosini fasulet të ziejnë. Ziejini për 30-40 minuta. Ngrohni vajin, skuqni qepën dhe hudhrën derisa të zbuten.

b) Shtoni salcën e domates, pastën e domates, rigonin, borzilokun, paprikën dhe fasulet e gatuara, të kulluara. Lëreni të vlojë, zvogëloni nxehtësinë dhe ziejini për 8-10 minuta.

c) Shtoni gjethet e koriandrit.

d) Ngrohni furrën në 325 F.

e) Kombinoni gjizën, mocarelën dhe vezën. Në një tavë lazanjash të lyer me yndyrë vendosni një shtresë petë, një shtresë me përzierje fasule dhe një shtresë me përzierje djathi.

f) Vazhdoni duke alternuar petët, fasulet dhe djathin, duke përfunduar me një shtresë djathi sipër.

g) Spërkatni djathin parmixhano mbi shtresën e sipërme.

h) Piqni për 40 minuta në 325 F.

57. Lasagna me pepperoni

PËRBËRËSIT:

- ¾ paund. mish viçi i bluar
- ¼ lugë çaji piper i zi i bluar
- ½ paund. sallam i grirë
- 9 petë lazanja
- ½ paund. Suxhuk me pepperoni, i copëtuar
- 4 gota djathë mocarela e grirë
- 1 qepë, e grirë
- 2 gota gjizë
- 2 (14,5 ons) kanaçe me domate të ziera
- 9 feta djathë të bardhë amerikan
- 16 ons salcë domate
- djathë parmixhano i grirë
- 6 ons pastë domate
- 1 lugë çaji hudhër pluhur
- 1 lugë çaji rigon të tharë
- ½ lugë çaji kripë

UDHËZIME:

a) Skuqini specat, viçin, qepët dhe sallamin tuaj për 10 minuta. Hiqni vajin e tepërt. Futni gjithçka në tenxheren tuaj të ngadaltë me pak piper, salcë dhe pastë domate, kripë, domate të ziera, rigon dhe hudhër pluhur për 2 orë.

b) Ndezni furrën tuaj në 350 gradë përpara se të vazhdoni.

c) Ziejini lazanjat në ujë të kripur derisa të jenë al dente për 10 minuta, më pas hiqni të gjithë ujin.

d) Në enën tuaj të pjekjes, aplikoni një mbulesë të lehtë me salcë dhe më pas shtrojini: ⅓ petë, 1 ¼ filxhan mocarela, ⅔ filxhan gjizë, feta djathi amerikan, 4 lugë çaji parmixhano, ⅓ mish. Vazhdoni derisa gjella të mbushet.

e) Gatuani për 30 minuta.

58. Linguine me salce djathi

PËRBËRËSIT:

- ½ filxhan kos të thjeshtë me pak yndyrë
- 1 vezë të papërpunuar
- ⅓ filxhan gjizë 99% pa yndyrë
- Kripë ose kripë me shije gjalpi
- Piper
- ½ lugë çaji erëza me rigon ose pica
- 3 ons djathë zviceran, i grirë trashë
- ⅓ filxhan majdanoz i freskët i grirë

UDHËZIME:

a) Mbi linguine të nxehtë, përzieni shpejt kosin dhe më pas vezën të trashet.

b) Më pas përzieni përbërësit e mbetur.

c) E vendosim tenxheren në zjarr shumë të ulët derisa djathi të shkrihet.

59. Byrek fshatar me vilë

PËRBËRËSIT:

- Patate Yukon Gold, të qëruara dhe të prera në kubikë
- 2 lugë margarinë vegan
- 1/4 filxhan qumësht soje të thjeshtë pa sheqer
- Kripë dhe piper i zi i sapo bluar
- 1 luge vaj ulliri
- 1 qepë e verdhë mesatare, e grirë hollë
- 1 karotë mesatare, e grirë hollë
- 1 brinjë selino, e grirë hollë
- 12 ounces seitan , i grirë imët
- 1 filxhan bizele të ngrira
- 1 filxhan kokrra misri të ngrirë
- 1 lugë çaji shije të thatë
- 1/2 lugë çaji trumzë e thatë

UDHËZIME:

a) Në një tenxhere me ujë të kripur të vluar, gatuajini patatet derisa të zbuten, 15 deri në 20 minuta.

b) Kullojeni mirë dhe kthejeni në tenxhere. Shtoni margarinën, qumështin e sojës dhe kripën dhe piperin sipas shijes.

c) E grijmë në masë me një makinë pure patate dhe e lëmë mënjanë. Ngrohni furrën në 350°F.

d) Në një tigan të madh, ngrohni vajin mbi nxehtësinë mesatare. Shtoni qepën, karrotën dhe selinon.

e) Mbulojeni dhe gatuajeni derisa të zbutet, rreth 10 minuta. Transferoni perimet në një tavë pjekjeje 9 x 13 inç. Përzieni seitanin, salcën e kërpudhave, bizelet, misrin, shijet e shijshme dhe trumzën.

f) I rregullojmë me kripë dhe piper sipas shijes dhe e shpërndajmë masën në mënyrë të barabartë në tavën e pjekjes.

g) Hidhni sipër patatet e grira duke i përhapur në skajet e tavës. Piqni derisa patatet të kenë marrë ngjyrë kafe dhe mbushja të jetë me flluska rreth 45 minuta.

h) Shërbejeni menjëherë.

60. Makaronat primavera të Margaritës

PËRBËRËSIT:
- 1 filxhan gjizë me pak yndyrë
- 1 lugë gjelle lëng limoni të freskët
- 8 ons spageti të hollë
- 1 lugë gjelle vaj vegjetal të pranueshëm
- ¼ filxhan Qepë të grirë
- ½ filxhan qepë të grira
- 1 thelpi hudhër, i grirë
- ¼ lugë çaji piper i zi i sapo bluar,
- Ose për shije
- 2 gota Kërpudha të freskëta të prera në feta
- 1 filxhan piper jeshil i prerë në feta
- 1½ filxhan Karota të prera në feta
- 10 ons I ngrirë pa kripë të shtuar
- Brokoli i zier me avull

UDHËZIME:
a) Kullojeni çdo lëng nga gjiza. Në një tas, bashkoni gjizën dhe lëngun e limonit. Le menjane.

b) Përgatisni spageti sipas paketimit, duke mos pasur kripë.

c) Kullojini tërësisht.

d) Ndërkohë, ngrohni vajin në një tigan mbi nxehtësinë mesatare në të lartë. Shtoni qepët, qepët, hudhrat dhe piperin e zi dhe skuqini për 1 minutë4. Shtoni kërpudhat dhe përziejini për 1 minutë. Më pas shtoni piperin zile, karotat dhe brokolin dhe përzieni për 3-4 minuta të tjera. Le menjane.

e) Në një enë tjetër hidhni përzierjen e spagetit dhe gjizës që të mbulohen në mënyrë të barabartë. Sipër i hidhni perime të skuqura.

61. Monterey Jack Soufflé

PËRBËRËSIT:
- 1 kile sallam, i gatuar
- 2 gota djathë Monterey Jack të grirë
- 3 gota djathë çedër i mprehtë, i grirë
- 1 filxhan djathë mocarela i grirë
- ½ filxhan qumësht
- 1 ½ filxhan miell
- 1 ½ filxhan gjizë
- 9 Vezë të rrahura lehtë
- ⅓ filxhan gjalpë të shkrirë
- 1 Can Green Chiles i vogël, i prerë në kubikë

UDHËZIME:
a) Lyejmë ½ e gjalpit të shkrirë në një tavë 9x13.
b) Në një tas të madh, bashkoni përbërësit e mbetur dhe përzieni mirë.
c) Hidheni në një tavë 9x13.
d) Piqeni në 375 për 50 minuta ose derisa të marrë ngjyrë të artë dhe thika e futur të dalë e pastër.

62. me pulë dhe djathë vilë

PËRBËRËSIT:
- 2 kilogramë pulë të plotë, të prerë në copa
- 3 ons qumësht me yndyrë të plotë
- 1 lugë çaji lëng limoni të freskët
- 1/2 lugë çaji xhenxhefil të freskët, të grirë
- 2 thelpinj hudhre, te grira
- 4 ons gjizë, në temperaturën e dhomës
- 2 qepe banane, të qëruara dhe të prera
- 1 karotë, e prerë
- 2 lugë gjelle gjalpë
- 1 lugë rozmarinë e tharë
- 1/4 lugë çaji piper i zi i bluar
- Kripë deti, për shije
- 4 gota lëng pule, me pak natrium
- 1/2 filxhan djathë parmixhano, mundësisht i grirë fllad
- 1 lugë majdanoz i freskët, i grirë

UDHËZIME:
a) Në një tas, vendosni copat e pulës, qumështin, lëngun e limonit, xhenxhefilin dhe hudhrën; e leme te marinohet per 1 ore ne frigorifer.

b) Shtoni pulën, së bashku me marinadën, në tenxheren tuaj të menjëhershme. Shtoni gjizën, qepujt, karotën, gjalpin, rozmarinën, piperin e zi, kripën dhe lëngun e pulës.

c) Sigurojeni kapakun. Shtypni butonin "Supë" dhe gatuajeni për 35 minuta. Pasi të përfundojë gatimi, përdorni një çlirim të shpejtë të presionit.

d) Hiqeni pulën nga lëngu i gatimit. Hidhni kockat dhe shtoni pulën përsëri në tenxheren e menjëhershme.

e) Shtoni djathin parmixhano të sapo grirë në lëngun e nxehtë të gatimit; përziejmë derisa të shkrihet dhe gjithçka të bashkohet mirë. Hidhni në enë për servirje individuale, zbukurojeni me majdanoz të freskët dhe shijojeni!

63. Vilë Manicotti

PËRBËRËSIT:
PËR MANICOTTI:
- 6 vezë
- 2 gota miell
- 1½ gote uje
- Kripë dhe piper për shije

Mbushja me djathë RICOTTA:
- 2 paund djathë (mund të jetë djathë në tenxhere)
- 2 vezë
- Kripë dhe piper
- Thekon majdanoz
- Djathë parmixhano i grirë

UDHËZIME:
a) Rrihni së bashku vezët, miellin, ujin, kripën dhe piperin sipas shijes.
b) Bëjini si petulla të holla, shumë shpejt, në skarë ose tigan (për skuqjen e tyre përdor vaj ulliri).
c) Mbushni me përzierjen e djathit rikota. Rrokullisje. Mbulojeni me salcë.
d) Piqni në 350 gradë F për ½ orë.
e) Lëreni të qëndrojë për 10 minuta përpara se ta shërbeni.

Mbushja me djathë RICOTTA:
f) Përziejini me një lugë derisa të jetë e qetë dhe e përzier plotësisht (Unë përdor gjysmën e kësaj).

64. Byrek me spinaq mamasë

PËRBËRËSIT:
- 4 gota cheddar Croutons ose një crouton me barishte
- Rreth 1 ½ paund gjethe spinaqi
- 8 ons djathë çedër, i prerë në kube ½ inç ose më shumë
- 1 kile gjize
- 3 vezë të mëdha, të rrahura lehtë
- 3 lugë gjalpë pa kripë, të shkrirë
- 4 feta proshutë, të gatuara deri sa të jenë të freskëta
- Kripë dhe piper i zi i sapo bluar

UDHËZIME:
a) Ngrohni furrën në 375°F.
b) Sillni një tenxhere të madhe me ujë të ziejë. Ndërkohë, vendosni pjesën e poshtme të një ene pjekjeje 9 x 13 inç me një shtresë të vetme krutone.
c) Pasi uji të vlojë, shtoni në të gjethet e spinaqit dhe i përzieni. Lërini të zbehen mezi - kjo do të zgjasë rreth 10 sekonda - më pas transferojini në një sitë dhe shpëlajini nën ujë të ftohtë. Pasi të jenë ftohur mjaftueshëm për t'u trajtuar, shtrydhni me duar sa më shumë lëng që të mundeni. Transferoni spinaqin në një dërrasë prerëse dhe jepini një prerje të ashpër.
d) Shtoni spinaqin në një tas të madh së bashku me çedarin, gjizën, vezët dhe gjalpin e shkrirë. Përdorni duart tuaja për të thërrmuar proshutën në tas dhe përzieni përzierjen derisa të kombinohet mirë. E rregullojmë me kripë dhe piper, duke pasur parasysh që proshuta tashmë ka shumë kripë në të.
e) Shtroni përzierjen e spinaqit mbi krutonët në një shtresë të barabartë. E kalojmë enën në furrë dhe e

pjekim derisa të piqet dhe djathi të jetë shkrirë, rreth 30 minuta.

f) Nëse dëshironi pak më shumë ngjyrë, mund ta përfundoni nën broiler për një ose dy minuta shtesë.

65. Tavë me petë viçi

PËRBËRËSIT:
- 1 pako (8 ons) petë mesatare
- 1/3 filxhan qepë jeshile të prera në feta
- 1/3 filxhan piper jeshil i copëtuar
- 2 lugë gjelle gjalpë
- 1 kile mish viçi të bluar
- 1 kanaçe (6 ons) pastë domate
- 1/2 filxhan salcë kosi
- 1 filxhan gjizë 4%.
- 1 kanaçe (8 ons) salcë domate

UDHËZIME:
a) Gatuani petë duke ndjekur udhëzimet e paketimit; tendosje.
b) Skuqini piperin jeshil dhe qepët me gjalpë në një tigan të madh derisa të zbuten, rreth 3 minuta. Shtoni mishin e viçit dhe gatuajeni derisa të mos mbetet rozë. Kullojeni yndyrën e tepërt.
c) Përzieni kosin dhe pastën e domates së bashku në një tas mesatar, duke i përzier me gjizë dhe petët. Në një tavë prej 2 litrash shtrojmë 1/2 e përzierjes së petës; vendosni sipër 1/2 e përzierjes së viçit. Vazhdoni të bëni të njëjtën gjë.
d) Hidhni në mënyrë të barabartë sipër tavës me salcën e domates.
e) Piqeni në 350 ° derisa të nxehet plotësisht, rreth 30-35 minuta.

66. Spinaq i pjekur Supreme

PËRBËRËSIT:
- 1 filxhan përzierje biskota/pjekje me yndyrë të reduktuar
- 2 te bardha veze
- 1 vezë
- 1/4 filxhan qumësht pa yndyrë
- 1/4 filxhan qepë të grirë hollë

MBUSHJA:
- 10 ons spinaq të ngrirë të copëtuar, të shkrirë dhe të shtrydhur të thatë
- 1-1/2 filxhan gjizë pa yndyrë
- 3/4 filxhan djathë Monterey Jack të grirë
- 1/2 filxhan djathë parmixhano të grirë
- 2 te bardha veze
- 1 vezë
- 1 lugë çaji qepë të tharë të grirë

UDHËZIME:
a) Kombinoni përzierjen e biskotave, qepën, qumështin, vezën dhe të bardhat e vezëve në një tas të vogël. Përziejini mirë më pas hidheni në një tavë pjekjeje të lyer me yndyrë 11x7 inç.

b) Në një enë tjetër, përzieni së bashku përbërësit e mbushjes. Hidhni butësisht një lugë sipër përzierjes së biskotave.

c) Pa e mbuluar, piqni në furrë për 28 deri në 32 minuta në 350 ° ose derisa të marrin ngjyrë kafe të artë. Fusni një thikë në mes dhe duhet të dalë e pastër.

SALATA DHE ANËT

67. Sallatë perimesh me djathë vilë

PËRBËRËSIT:

- 3 gota (24 ons) gjizë 4%.
- 1 avokado e madhe e pjekur, e qëruar, e prerë dhe e prerë
- 1 domate mesatare, e prerë
- 1/4 filxhan ullinj të mbushur me pimiento në feta
- 2 lugë qepë jeshile të prera në feta

UDHËZIME:

a) Përziejini së bashku 4 përbërësit e parë në një tas për servirje.
b) Spërkatni qepët sipër.

68. Sallatë me shparg, domate dhe gjizë

PËRBËRËSIT:

- 2 tufa me asparagus jeshil
- 150 g domate qershi
- 100 g gjizë
- 30 g arra të qëruara
- 30 g misër të thekur
- 20 g fara luledielli të qëruara
- 2 lugë gjelle uthull
- 4 lugë vaj ulliri
- Piper dhe kripë

UDHËZIME:

f) Pastroni asparagun. Së pari, lani shpargujt nën rrjedhën e ujit të ftohtë, hiqni pjesën më të fortë të kërcellit dhe pritini në copa të së njëjtës madhësi.

g) Vendosni ujin të ziejë dhe gatuajeni. Ndërsa përgatitni shpargujt, zieni në një tavë me ujë të bollshëm me kripë, shtoni dhe ziejini për 10 minuta derisa të jenë të buta, por të plota.

h) Ndërprerja e gatimit. Pasi të jenë d1 i heqim me një lugë të prerë dhe i zhysim për disa çaste në një enë me ujë akull që të mos zihet më. Në këtë mënyrë, ata do të ruajnë ngjyrën e tyre të gjelbër intensive. Dhe më pas, kullojini ato përsëri për të hequr të gjithë ujin.

i) Përgatitni pjesën tjetër të përbërësve. Lani domatet, thajini me letër thithëse dhe i prisni në gjysmë. Kullojmë gjizën dhe e thërrmojmë. Dhe arrat i presim në copa të vogla.

j) Bëni vinegrette. Rregulloni uthullën në një enë. Shtoni pak kripë dhe një tjetër piper dhe hidhni pak nga pak vajin, duke vazhduar rrahjen me pirun, derisa të përftoni një vinegrette të emulsifikuar mirë.

k) Shpërndani shpargujt në 4 enë. Shtoni domatet, gjizën e grirë dhe arrat e grira. Visheni me vinegretën e mëparshme.

l) Dhe zbukurojeni me fara luledielli dhe misër të thekur.

69. Sallatë me djathë vilë dhe fruta

PËRBËRËSIT:

- 1 filxhan gjize
- 1 filxhan luleshtrydhe të freskëta, të prera në feta
- 1 filxhan boronica të freskëta
- 1 filxhan copa ananasi të freskët
- 2 lugë mjaltë
- 1/4 filxhan gjethe menteje të freskëta të copëtuara

UDHËZIME:

a) Në një tas të madh përzierjeje, kombinoni gjizën, luleshtrydhet, boronicat dhe copat e ananasit.
b) Hidhni mjaltë mbi përzierjen e frutave dhe gjizës.
c) Hidheni butësisht për të kombinuar të gjithë përbërësit.
d) Sipër spërkatni gjethet e freskëta të nenexhikut të copëtuara.
e) Shërbejeni menjëherë ose vendoseni në frigorifer derisa të jeni gati për t'u shërbyer.

70. Sallatë me kastravec dhe djathë vilë

PËRBËRËSIT:
- 2 gota gjizë
- 2 kastraveca, të prera hollë
- 1 qepë e kuqe, e prerë hollë
- 2 lugë gjelle kopër të freskët, të grirë
- Kripë dhe piper për shije

UDHËZIME:
a) Në një tas të madh bashkojmë gjizën, kastravecat e prera në feta dhe qepën e kuqe të prerë në feta.
b) Spërkateni kopër të freskët mbi përzierjen.
c) I rregullojmë me kripë dhe piper, duke e rregulluar sipas shijes.
d) Hidhni përbërësit butësisht që të kombinohen.
e) Ftoheni në frigorifer për rreth 30 minuta përpara se ta shërbeni.

71. Sallatë me djathë vilë dhe domate

PËRBËRËSIT:

- 1 1/2 filxhan gjizë
- 2 domate të mëdha, të prera në kubikë
- 1/2 qepë të kuqe, të grirë hollë
- 2 lugë borzilok të freskët, të grirë
- 2 luge vaj ulliri
- Kripë dhe piper për shije

UDHËZIME:

a) Në një tas, bashkoni gjizën, domatet e prera në kubikë dhe qepën e kuqe të grirë.
b) Spërkatni borzilok të freskët mbi përzierjen.
c) Hidhni sipër vaj ulliri.
d) I rregullojmë me kripë dhe piper, duke e rregulluar sipas shijes.
e) Hidhini butësisht përbërësit së bashku.
f) Shërbejeni menjëherë ose vendoseni në frigorifer derisa të jeni gati për t'u shërbyer.

ËSHTIRËS

72. Cheesecake me arra

PËRBËRËSIT:
- Bukë e shkurtër
- 2 gota gjizë
- $\frac{1}{2}$ filxhan Sheqer; E grimcuar
- 2 lugë çaji niseshte misri
- $\frac{1}{2}$ filxhan arra; i copëtuar,
- 3 vezë; E madhe, e ndarë
- $\frac{1}{2}$ filxhan salcë kosi
- 1 lugë çaji lëvore limoni; të grira

UDHËZIME:
a) Ngroheni furrën në 325 gradë F.
b) Shtypni gjizën në një sitë dhe kullojeni.
c) Në një tas të madh, rrihni të verdhat e vezëve derisa të bëhen të lehta dhe të shkumëzuara, më pas shtoni sheqerin ngadalë, duke vazhduar rrahjen derisa të zbuten dhe të jenë të lëmuara shumë.
d) Shtoni gjizën në përzierjen e vezëve duke e përzier mirë, më pas shtoni kosin, niseshtenë e misrit, lëkurën e limonit dhe arrat (nëse dëshironi). Përziejini derisa të gjithë përbërësit të jenë përzier mirë dhe masa të jetë e qetë.
e) Në një tas tjetër të madh, rrihni të bardhat e vezëve derisa të formojnë maja të buta, më pas i palosni butësisht në brumë. Masën e derdhim në koren e përgatitur dhe e pjekim për rreth 1 orë.
f) Ftoheni në temperaturën e dhomës përpara se ta shërbeni.

73. Tortë me djathë me portokall me boronicë

PËRBËRËSIT:

- 1 filxhan thërrime graham
- 2 gota gjizë
- 1 pako djathë krem i lehtë; 8 ons
- ⅔ filxhan Sheqer
- ½ filxhan kos të thjeshtë
- ¼ filxhan miell; gjithë qëllimi
- 2 gota Kastrati
- ½ filxhan lëng portokalli
- 1 lugë margarinë; i lehtë, i shkrirë
- 2 te bardha veze
- 1 vezë
- 1 lugë gjelle lëkurë portokalli; të grira
- 1 lugë çaji vanilje
- ⅓ filxhan Sheqer
- 2 lugë çaji niseshte misri

UDHËZIME:

a) Kombinoni përbërësit e kores . Shtypni pjesën e poshtme të tiganit 9 inç në formë suste.
b) Piqni në 325 gradë F për 5 minuta.
c) Në një përpunues ushqimi, përzieni gjizën derisa të jetë homogjene. Shtoni krem djathin dhe përpunoni derisa të jetë e qetë. Shtoni përbërësit e mbetur të mbushjes; përpunoni derisa të jetë e qetë. Hidheni në tigan. Piqni në 325 gradë F për 50 deri në 60 minuta ose derisa pothuajse të vendoset në qendër.
d) Vëreni një thikë rreth buzës së tortës për ta liruar atë nga buza. Ftoheni në raft. Qetë.
e) Kombinoni boronicat, lëngun e portokallit dhe sheqerin në një tenxhere. Lëreni të ziejë, duke e përzier

vazhdimisht. Më pas ziejini për 3 minuta ose derisa boronicat e kuqe të fillojnë të skuqen. Shpërndani niseshte misri në 1 lugë gjelle ujë. Shtoni në tigan, gatuajeni dhe përzieni për 2 minuta.

f) Ftoheni sipërimin dhe shpërndajeni sipër tortës përpara se ta shërbeni.

74. Pineapple Noodle Kugel

PËRBËRËSIT:
PER PETE:
- 450 g petë me vezë të thata të gjera
- 1 shkop gjalpë pa kripë, të prerë në copa
- 1 filxhan qumësht i plotë
- 5 vezë të mëdha, të rrahura lehtë
- 12 gota sheqer
- 2 lugë çaji vanilje
- 12 lugë çaji kripë
- 1 (450 g) enë me salcë kosi
- 1 (450 g) enë me gjizë të vogël (4% yndyrë)
- 1 (560 g) kanaçe ananas të grimcuar, të kulluar

PËR MBULJE:
- 2 filxhanë kornfleks, të grimcuar trashë
- 2 luge sheqer
- 12 lugë çaji kanellë
- 2 lugë gjalpë pa kripë, të prerë në copa

UDHËZIME:
PËRGATITNI KUGEL:
a) Vendoseni raftin e furrës në pozicionin e mesëm dhe ngroheni paraprakisht në 350°F (175°C).

b) Lyejeni me gjalpë një enë pjekjeje prej qelqi ose qeramike 13" me 9" me 2".

c) Gatuani petët në një tenxhere me ujë të vluar me kripë derisa të jenë al dente.

d) Kullojini mirë, më pas kthejeni në një tenxhere të ngrohtë dhe shtoni gjalpin duke i përzier derisa të mbulohen petët.

e) Rrahim qumështin, vezët, sheqerin, vaniljen dhe kripën derisa të bashkohen, më pas përziejmë kosin.

f) Përzieni gjizën dhe ananasin dhe shtoni te petët, duke i trazuar që të mbulohen mirë, më pas hidhini me lugë në enë për pjekje.

BËJNI MBULJE DHE PJEQNI KUGEL:

g) Përziejini së bashku kornfleks, sheqerin dhe kanellën dhe spërkatni në mënyrë të barabartë mbi petë.

h) E lyejmë me gjalpë dhe e pjekim derisa kugeli të zihet dhe skajet të marrin ngjyrë kafe të artë, rreth 1 orë.

i) Lëreni të qëndrojë 5 minuta para se ta shërbeni.

75. Panna Cotta me fëstëk me shafran

PËRBËRËSIT:
- 2 lugë gjelle paneer të butë ose gjizë shtëpie
- 2 lugë çaji Sheqer
- 2 lugë qumësht
- 1 lugë krem
- 1 majë shafran
- 1 majë e madhe pluhur agar agar
- 2 lugë çaji Fëstëk
- 1 majë pluhur kardamom

UDHËZIME:
a) Grini paneerin e butë dhe sheqerin pluhur derisa të jetë homogjen.
b) Zieni së bashku 2 lugë qumësht dhe 1 lugë krem dhe një majë shafran.
c) Shtoni një majë të madhe pluhur agar agar.
d) Rrihni derisa të jetë e qetë.
e) Shtoni përzierjen e paneer, pluhurin e kardamomit dhe fëstëkun e grirë. Përziejini mirë.
f) Në një kallëp të lyer me yndyrë shtoni ¼ lugë çaji fëstëk të grirë. Hidhni përzierjen e panës.
g) Ftoheni për 2 orë në frigorifer.
h) Zhbllokoni dhe shërbejeni. Shtoni pak shurup sipas dëshirës tuaj dhe sipër frutave.
i) Sheqerin mund ta rregulloni sipas shijes.

76. Tiramisu me gjizë

PËRBËRËSIT:

- ½ filxhan Sheqer
- 1 filxhan gjizë pa yndyrë
- 1 filxhan salcë kosi pa yndyrë alternativë
- 2 lugë rum të errët
- Kuti 8-ons me kos me pak yndyrë vanilje
- Pako 8 ons djathë Neufchatel
- 1¼ filxhan ujë të nxehtë
- 1 lugë gjelle Plus
- ½ lugë çaji kokrriza kafeje ekspres të çastit
- 40 Ladyfingers
- ½ lugë çaji kakao pa sheqer

UDHËZIME:

a) Vendosni 6 përbërësit e parë në një përpunues ushqimi me një teh thike dhe përpunojini derisa të jenë të lëmuara; le menjane.

b) Kombinoni ujin e nxehtë dhe kokrrat e ekspresit në një tas të vogël. Ndani gishtat e zonjave në gjysmë për së gjati. Zhytni shpejt 20 gjysma, me anën e prerë poshtë, në ekspres dhe vendosini, me anën e zhytur poshtë, në fund të një enë pjekjeje katrore 9 inç.

c) Zhytini edhe 20 gjysma të ladyfinger, me anën e prerë poshtë, në ekspres dhe vendosni anën e zhytur poshtë, sipër shtresës së parë. Përhapeni 2 C të përzierjes së djathit në mënyrë të barabartë mbi gishtat e zonjës. Përsëriteni procedurën me gjysmat e mbetura të ladyfinger, ekspresin dhe përzierjen e djathit.

d) Vendosni kruese dhëmbësh në çdo cep dhe 1 në qendër të tiramisusë për të parandaluar ngjitjen e mbështjelljes plastike në përzierjen e djathit. Mbulojeni me mbështjellës plastik dhe vendoseni në frigorifer për 3 deri në 8 orë. Spërkateni me kakao përpara se ta shërbeni.

77. Akullore me hurma vilë

PËRBËRËSIT:

- ⅓ filxhan hurma të copëtuara
- 4 lugë rum
- 2 vezë të ndara
- ½ filxhan sheqer të grimcuar
- ⅔ filxhan qumësht
- 1 ½ filxhan gjizë
- Lëkura e grirë hollë dhe lëngu i 1 limoni
- ⅔ filxhan krem, i rrahur
- 2 lugë gjelle xhenxhefil të grirë imët

UDHËZIME:

a) Thithni hurmat në rum për rreth 4 orë. Në një enë hidhni të verdhat e vezëve dhe sheqerin dhe i rrahim derisa të zbehen. Ngrohni qumështin në një pikë të zierjes në një tenxhere dhe më pas përzieni në të verdhat e vezëve. Kthejeni përzierjen në tiganin e shpëlarë dhe gatuajeni në zjarr të ulët, duke e përzier vazhdimisht, derisa të trashet. Ftoheni, duke e përzier herë pas here.

b) Përpunoni gjizën, lëkurën e limonit, lëngun dhe rumin e kulluar nga hurmat së bashku në një blender ose përpunues ushqimi derisa të jenë të lëmuara dhe më pas përzieni me kremin krem. Hidheni përzierjen në një enë, mbulojeni dhe ngrini derisa të bëhet e fortë. Kthejeni në një tas, rrihni mirë, më pas hidhni kremin e rrahur, hurmat dhe xhenxhefilin. Rrihni të bardhat e vezëve në një tas derisa të jenë të ngurtësuara, por jo të thata dhe palosini në përzierje frutash. Hidheni përsëri përzierjen me lugë në enë. Mbulojeni dhe ngrini derisa të forcohet.

c) Rreth 30 minuta para se ta servirni, akulloren e transferoni në frigorifer.

78. Tortë me djathë me gjizë

PËRBËRËSIT:
PËR KOREN
- ¼ filxhan margarinë e fortë, e shkrirë
- 1 filxhan thërrime graham cracker me pak yndyrë
- 2 lugë sheqer të bardhë
- ¼ luge kanelle

PËR tortë
- 2 gota gjizë me pak yndyrë, të pure
- 3 lugë miell për të gjitha përdorimet
- 1 lugë çaji ekstrakt vanilje
- 2 vezët
- ⅔ filxhan sheqer të bardhë

UDHËZIME:
a) Bëjeni gati furrën duke e ngrohur paraprakisht në 325 gradë Fahrenheit.

b) Kombinoni margarinën e shkrirë, thërrimet e grahamit, sheqerin dhe kanellën.

c) Mbushni një tigan 10 inç në formë pranvere përgjysmë me përzierjen e kores.

d) Përzieni gjizën e zbutur, qumështin, vezët, miellin, vaniljen dhe sheqerin derisa të përzihen mirë.

e) Hedhim masën në koren e byrekut.

f) Piqeni për 60 minuta në furrë.

79. Burekas

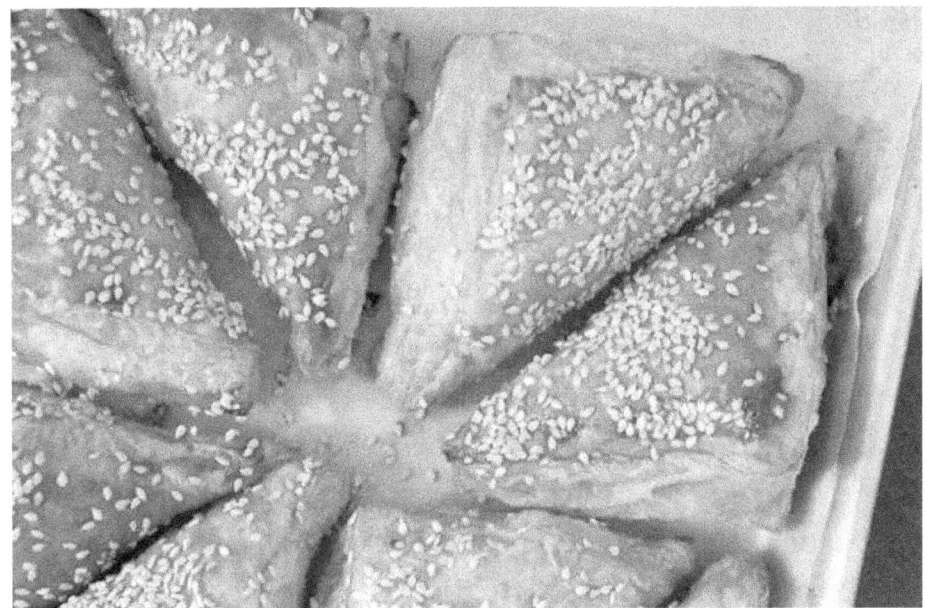

PËRBËRËSIT:
- 1 lb / 500 g petë sfungjerësh me cilësi më të mirë me gjalpë
- 1 vezë e madhe me rreze të lirë, të rrahur

MBUSHJE RIKOTA
- ¼ filxhan / 60 g gjizë
- ¼ filxhan / 60 g djathë rikota
- ⅔ filxhan / 90 djathë feta të grimcuar
- 2 lugë gjelle / 10 g gjalpë pa kripë, i shkrirë

MBUSHJE PECORINO
- 3½ lugë gjelle / 50 g djathë rikota
- ⅔ filxhan / 70 g djathë pecorino të vjetëruar në rende
- ⅓ filxhan / 50 g djathë çedar i vjetëruar në rende
- 1 presh, i prerë në segmente 2 inç / 5 cm, i zbardhur derisa të zbutet dhe i grirë imët (¾ filxhan / 80 g në total)
- 1 lugë majdanoz të copëtuar me gjethe të sheshta
- ½ lugë piper i zi i sapo bluar

FARA
- 1 lugë fara nigella
- 1 lugë fara susami
- 1 lugë fara të verdha të mustardës
- 1 lugë fara qimnon
- ½ lugë thekon kili

UDHËZIME
a) Hapeni brumin në dy katrorë 12 inç / 30 cm secila ⅛ inç / 3 mm të trasha. Vendosini fletët e ëmbëlsirave në një tepsi të veshur me pergamenë - ato mund të qëndrojnë njëra mbi tjetrën, me një fletë pergamenë mes tyre - dhe lërini në frigorifer për 1 orë.

b) Vendosni çdo grup përbërësish mbushës në një tas të veçantë. Përziejini dhe lërini mënjanë. Përziejini të gjitha farat së bashku në një enë dhe lërini mënjanë.

c) Pritini çdo fletë pastiçerie në katrorë 4 inç / 10 cm; ju duhet të merrni 18 katrorë në total. Ndani mbushjen e parë në mënyrë të barabartë në gjysmën e katrorëve, duke e hedhur me lugë në qendër të çdo katrori. Lyejini dy skajet ngjitur të secilit katror me vezë dhe më pas paloseni katrorin në gjysmë për të formuar një trekëndësh. Nxitni çdo ajër dhe lidhni fort anët. Deshironi te shtypni shume mire skajet qe te mos hapen gjate gatimit. Përsëriteni me katrorët e mbetur të pastave dhe mbushjen e dytë. Vendoseni në një tepsi të veshur me pergamenë dhe vendoseni në frigorifer për të paktën 15 minuta që të forcohet. Ngrohni furrën në 425°F / 220°C.

d) Lyejini dy skajet e shkurtra të secilës pastë me vezë dhe zhytni këto skaje në përzierjen e farave; një sasi e vogël farash, vetëm ⅙ inç / 2 mm e gjerë, është gjithçka që nevojitet, pasi ato janë mjaft dominuese. Lyejeni pjesën e sipërme të çdo paste me pak vezë gjithashtu, duke shmangur farat.

e) Sigurohuni që pastat të jenë të vendosura rreth $1\frac{1}{4}$ inç / 3 cm larg njëra-tjetrës.

f) Piqni për 15 deri në 17 minuta, derisa të marrin ngjyrë kafe të artë. Shërbejeni të ngrohtë ose në temperaturë ambienti.

g) Nëse një pjesë e mbushjes derdhet nga pastat gjatë pjekjes, thjesht futeni butësisht kur të jenë ftohur mjaftueshëm për t'u trajtuar.

80. Tortë me djathë francez

PËRBËRËSIT:

- 2 gota Miell për të gjitha përdorimet; i pashoshitur
- ¼ lugë çaji Kripë
- ½ lugë çaji Pluhur pjekje
- ⅔ filxhan Gjalpë ose margarinë
- ⅓ filxhan Sheqer pluhur
- 2 Të verdhat e vezëve
- 2 lugë gjelle Krem i rëndë
- ½ lugë çaji Lëkura e limonit e grirë
- 4 lugë gjelle Gjalpë ose margarinë
- ⅔ filxhan Sheqer pluhur
- 2 gota Gjizë e thatë
- 1 E kuqja e vezes
- ¼ filxhan Krem i rëndë
- ⅓ filxhan Rrush i artë
- ½ lugë çaji Lëkurë limoni e grirë
- 1 E bardha e vezes; pak i rrahur
- Ambalazhues sheqeri

UDHËZIME:

a) Në një tas, sitini miellin, kripën dhe pluhurin për pjekje.
b) Me një blender pastiçerie priteni me gjalpë derisa masa të ngjajë me thërrime të trashë.
c) Shtoni ⅓ filxhan sheqer të grimcuar, 2 të verdha veze, 2 lugë gjelle krem të trashë dhe ½ lugë çaji lëvore limoni; me pirun i përziejmë derisa pasta të bashkohet.
d) I kalojmë në një sipërfaqe të lyer pak me miell; gatuajeni derisa të jetë e qetë, rreth 2 minuta.
e) Forma në një top; mbështilleni me letër të dylluar. E vendosim në frigorifer për 30 minuta. Bëni djathë
MBUSHJA:

f) Në një enë me një mikser elektrik me shpejtësi të lartë, rrihni gjalpin, sheqerin e grirë dhe gjizën derisa të kombinohen mirë, rreth 3 minuta.

g) Shtoni të verdhat e vezëve dhe kremin; mundi mirë Përzieni rrushin e thatë dhe lëkurën e limonit. Ngrohni furrën në 350 F.

h) Lyeni lehtë me yndyrë një tavë pjekjeje 13x9x2". Ndajeni brumin në gjysmë.

i) Në një sipërfaqe të lyer lehtë me miell, hapni gjysmën e brumit në një drejtkëndësh 13x9".

j) Vendoseni në pjesën e poshtme të tiganit të përgatitur. Hidheni në mbushje duke e shpërndarë në mënyrë të barabartë.

k) Ndani brumin e mbetur në gjysmë. Pritini gjysmën në 5 pjesë të barabarta.

l) Në një dërrasë, rrotulloni secilën pjesë në një shirit si laps 13" të gjatë.

m) Rregulloni këto shirita për së gjati, $1\frac{1}{2}$" larg nga mbushja.

n) Me pjesën e mbetur të pastë, bëni shirita të mjaftueshëm për t'u përshtatur diagonalisht, $1\frac{1}{2}$ inç larg njëri-tjetrit, përgjatë shiritave për së gjati.

o) Lyejini shiritat e pastiçerisë me të bardhë veze.

p) Piqni për 40 minuta ose deri në kafe të artë. Lëreni të qëndrojë për 5 minuta.

q) Më pas spërkateni me sheqer ëmbëlsirash dhe priteni në katrorë 3 inç. Shërbejeni të ngrohtë.

81. Torta me djathë me barishte

PËRBËRËSIT:

- ⅓ filxhan Thërrima buke të thatë të imët ose zwieback të grimcuar imët
- 8 ons Paketa krem djathi, i zbutur
- ¾ filxhan Gjizë në stil kremi
- ½ filxhan Djathë zviceran i grirë
- 1 lugë gjelle Miell për të gjitha përdorimet
- ¼ lugë çaji Borziloku i tharë, i grimcuar
- ⅛ lugë çaji Hudhra pluhur
- 2 Vezët
- Veshje me spërkatje që nuk ngjit
- salcë kosi qumështi
- ullinj të pjekur në feta ose të prera, havjar të kuq
- piper i kuq i pjekur

UDHËZIME

a) Për koren, spërkatni njëzet e katër gota kifle 1¾ inç me shtresë spërkatëse jo ngjitëse.

b) Spërkatni thërrimet e bukës ose zwieback të grimcuar në fund dhe anët për t'u veshur.

c) Shkundni tiganët për të hequr thërrimet e tepërta. Le menjane.

d) Në një tas të vogël mikser, kombinoni kremin e djathit, gjizën, djathin zviceran, miellin, borzilokun dhe hudhrën pluhur. Rrihni me një mikser elektrik me shpejtësi mesatare derisa të bëhet me gëzof.

e) Shtoni vezë; rrihni me shpejtësi të ulët derisa të kombinohen. Mos e teproni.

f) Mbushni çdo filxhan kifle të veshur me thërrime me 1 lugë gjelle përzierje djathi. Piqeni në furrë në 375 gradë F për 15 minuta ose derisa qendrat të shfaqen të vendosura.

g) Ftoheni në tigan mbi raftet e telit për 10 minuta. Hiqeni nga tiganët.

h) Ftoheni plotësisht në raftet me tela.

i) Për të shërbyer, lyejmë sipër me salcë kosi. Dekoroni me ullinj, havjar, qiqra dhe/ose piper të kuq dhe copa ulliri.

j) Piqni dhe ftohni tortat sipas udhëzimeve, përveçse mos i lyeni me salcë kosi ose sipër me garniturë.

k) Mbulojeni dhe lëreni në frigorifer deri në 48 orë. Lërini tartat të qëndrojnë në temperaturën e dhomës për 30 minuta përpara se t'i shërbeni.

l) E lyejmë me salcë kosi dhe e zbukurojmë sipas udhëzimeve.

82. Tortë me panxhar

PËRBËRËSIT:
- 1 filxhan vaj Crisco
- ½ filxhan gjalpë, i shkrirë
- 3 vezë
- 2 gota sheqer
- 2½ gota miell
- 2 lugë çaji kanellë
- 2 lugë çaji sodë buke
- 1 lugë çaji kripë
- 2 lugë çaji vanilje
- 1 filxhan panxhar Harvard
- ½ filxhan gjizë kremoze
- 1 filxhan ananas i grimcuar, i kulluar
- 1 filxhan arra të grira
- ½ filxhan kokos

UDHËZIME:
a) Përzieni vajin, gjalpin, vezët dhe sheqerin.
b) Shtoni miellin, kanellën, sodën dhe kripën.
c) Palosni vaniljen, panxharin, gjizën, ananasin, arrat dhe kokosin.
d) Hidheni në një tigan 9x13 inç.
e) E pjekim ne 350 per 40-45 minuta. Shërbejeni me krem pana.

83. Akullore me mollë - djathë

PËRBËRËSIT:
- 5 mollë gatimi, të qëruara dhe me bërthama
- 2 gota gjizë, të ndara
- 1 filxhan gjysmë-gjysmë, e ndarë
- ½ filxhan gjalpë molle, të ndarë
- ½ filxhan sheqer të grimcuar, të ndarë
- ½ lugë çaji kanellë të bluar
- ¼ lugë çaji karafil të bluar
- 2 vezë

UDHËZIME:
a) Pritini mollët në kube ¼ inç; le menjane. Në një blender ose përpunues ushqimi, kombinoni 1 filxhan gjizë, ½ filxhan gjysmë e gjysmë, ¼ filxhan gjalpë molle, ¼ filxhan sheqer, kanellë, karafil dhe një vezë. Përziejini derisa të jetë e qetë. Hidheni në një tas të madh.

b) Përsëriteni me gjizën e mbetur, gjysmën e gjysmë, gjalpin e mollës dhe vezën. I bashkojmë me masën e puresë më parë. Përzieni mollët e copëtuara.

c) Hidheni në kuti me akullore. Ngrijeni në prodhuesin e akullores sipas udhëzimeve të prodhuesit.

84. Tortë me djathë me vilë kokosi

PËRBËRËSIT:
PËR KOREN:
- 1 ½ filxhan Graham Cracker Crumbs
- ½ filxhan lugë gjalpë, i shkrirë
- 3 lugë arrë kokosi të grirë

PËR MBUSHJE:
- 32 ons gjizë
- ¾ filxhan ëmbëlsues
- 7 ons kos grek të kokosit
- 3 vezë të mëdha
- 1 lugë çaji ekstrakt vanilje
- 1 lugë pluhur proteine me shije kokosi (opsionale)

PËR SIPERIN:
- 7 ons kos grek të kokosit
- 2 lugë gjizë
- ¼ filxhan ëmbëlsues
- ½ filxhan kokos të grirë

UDHËZIME:
PËR KOREN:
a) Në një tas, përzieni thërrimet Graham Cracker, gjalpin e shkrirë dhe kokosin e grirë.

b) Shtypeni përzierjen në fundin e një pjate ose tigani për cheesecake.

c) Piqeni në 375°F (192°C) për rreth 7-10 minuta derisa të ketë marrë një ngjyrë kafe të lehtë.

d) E heqim nga furra dhe e lëmë mënjanë të ftohet.

PËR MBUSHJE:
e) Shtoni gjizën dhe ëmbëlsuesin në një tas dhe përziejeni derisa të jetë e qetë.

f) Më pas shtoni pjesën tjetër të përbërësve dhe përziejeni derisa të jetë homogjene.

g) Mbushjen e hedhim mbi koren e ftohur dhe e pjekim për 50 minuta në furrën e nxehur më parë.

h) Hiqeni nga furra dhe ftoheni në temperaturën e dhomës.

PËR SIPERIN:

i) Rrihni kosin grek të kokosit, gjizën dhe ëmbëlsuesin derisa të bëhet krem.

j) Përhapeni brymën mbi cheesecake të ftohur dhe sipër me kokos të grirë.

85. Byrek Kugel me petë me gjizë

PËRBËRËSIT:
KORJA E PETES:
- ½ paund kosher i gjerë për petë me vezë të Pashkës
- 2 lugë gjalpë, i shkrirë

MBUSHJA:
- 2 qepë, të prera në feta
- vaj për tiganisje
- 1 kile gjize
- 2 gota salcë kosi
- ½ filxhan sheqer
- 6 vezë
- 1 lugë çaji kanellë të bluar
- ½ filxhan manaferra

MBULIMI:
- Manaferra shtesë

UDHËZIME:
KORJA E PETES:
a) Ngrohni furrën në 375 gradë F.

b) Gatuani petët e vezëve në ujë me kripë për rreth 4 minuta ose derisa të jenë zier pak.

c) Kulloni petët dhe i kaloni në një tas.

d) I spërkasim me 2 lugë gjalpë të shkrirë dhe i hedhim të lyhet.

MBUSHJA:
e) Në një tenxhere mesatare, në zjarr mesatar, ngrohni vajin dhe më pas ziejini qepët derisa të zbuten. Hiqeni nga tigani.

f) Në një enë përzieni qepët e ziera, gjizën, kosin, sheqerin, vezët dhe kanellën e bluar derisa të bashkohen mirë.

g) Palosni butësisht manaferrat në përzierjen e mbushjes.

KUVENDI:

h) Lyeni me yndyrë një enë pjekjeje afërsisht 9 me 13 inç.

i) Vendosni petët e vezëve të lyera me gjalpë në fund të enës për të formuar një kore.

j) Masën e mbushjes e hedhim mbi koren e petëve.

PJEKJA:

k) E pjekim në furrën e nxehur më parë derisa kremi të jetë ngurtësuar dhe sipër të marrë ngjyrë kafe të artë, rreth 40-45 minuta.

SHËRBIMI:

l) Lëreni byrekun me Noodle Kugel të ftohet pak përpara se ta shërbeni.

m) Shërbejeni, duke i mbushur me më shumë manaferra.

86. Sallatë feste rozë

PËRBËRËSIT:
- 1 kanaçe (Nr 2) ananas i grimcuar
- 24 të mëdha Marshmallows
- 1 pako Xhelo luleshtrydhe
- 1 filxhan Krem pana
- 2 gota Sm. Gjizë me gjizë
- ½ filxhan Arra; i copëtuar

UDHËZIME:
a) Ngrohni lëngun nga ananasi me marshmallows dhe Jello. I ftohtë.
b) Përzieni krem pana, ananasin, gjizën dhe arrat. Shtoni përzierjen e parë dhe paloseni.
c) Ftoheni gjatë natës.

87. Ëmbëlsirë ananasi i zier

PËRBËRËSIT:

- 1 ananas i freskët, me bërthama, i qëruar
- 3 lugë salcë vinaigrette me mjedër
- 2 gota gjizë me 2% yndyrë qumështi me pak yndyrë
- 1/2 filxhan kokrra shege

UDHËZIME:

a) Parangrohni brojlerin. Pritini ananasin në mënyrë tërthore në tetë feta dhe vendoseni në raftin e tavës së broilerëve, ose në një tavë pjekjeje 15 inç x10 inç x1 inç, më pas lyeni veshjen me furçë në mënyrë të barabartë.

b) Ziejeni ananasin 3-4 inç larg burimit të nxehtësisë derisa të nxehet, rreth 4-5 minuta.

c) Hiqeni ananasin në një pjatë servirjeje dhe sipër vendosni gjizën në mënyrë të barabartë. Sipër spërkatni kokrrat e shegës.

88. Sallatë me Lime

PËRBËRËSIT:

- 1/2 filxhan ananas të grimcuar të konservuar të pakulluar
- 2 lugë xhelatinë lime
- 1/4 filxhan gjizë 4%.
- 1/4 filxhan majë të rrahur

UDHËZIME:

a) Ziejeni ananasin në një tenxhere të vogël.
b) Fikni zjarrin, shtoni xhelatinë dhe përzieni derisa të treten plotësisht.
c) Lëreni të ftohet në temperaturën e dhomës.
d) Shtoni majën e rrahur dhe gjizën në tigan, përzieni.
e) Lëreni në frigorifer derisa të forcohet.

KODIMENTET

89. Salcë djathi vilë

PËRBËRËSIT:

- 1 filxhan (226 g) gjizë pa yndyrë
- 1 filxhan (235 ml) qumësht i skremuar
- 2 lugë gjelle (30 ml) ujë
- 2 lugë gjelle (16 g) niseshte misri

UDHËZIME:

a) Në një blender, përzieni gjizën dhe qumështin. Hidheni në një tenxhere dhe ngroheni pothuajse në një valë. Le menjane. Shtoni ujin në niseshte misri dhe përzieni në një pastë. Shtoni në përzierjen e gjizës në tenxhere dhe përzieni mirë.

b) Gatuani për 10 minuta, duke e përzier vazhdimisht derisa të trashet.

90. Dip me qepë me pak yndyrë

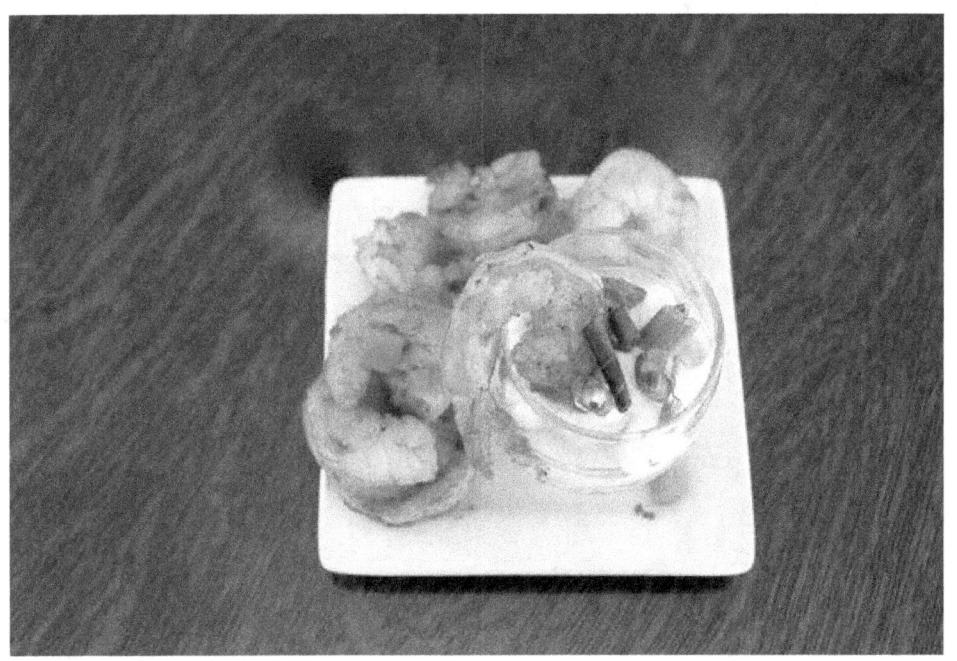

PËRBËRËSIT:

- 1 filxhan (225 g) gjizë me pak yndyrë
- $\frac{1}{4}$ filxhan (25 g) qepë, të copëtuara
- 2 lugë çaji (10 ml) lëng limoni

UDHËZIME:

a) Kombinoni të gjithë përbërësit në një blender ose procesor ushqimi dhe përpunoni derisa të jetë e qetë.

b) Lëreni në frigorifer për të paktën një orë në mënyrë që shijet të zhvillohen.

91. Salcë vilë-barishte

PËRBËRËSIT:

- 1 luge qumesht
- 12 ons gjizë
- 1 lugë çaji lëng limoni
- 1 fetë e vogël qepë -- e hollë
- 3 rrepka -- të përgjysmuara
- 1 lugë çaji me barishte të përziera sallatë
- 1 Degëz majdanoz
- $\frac{1}{4}$ lugë çaji kripë

UDHËZIME:

a) Qumështin, gjizën dhe lëngun e limonit i vendosni në një enë blenderi dhe i përzieni derisa të jenë të lëmuara.

b) Shtoni përbërësit e mbetur në përzierjen e gjizës dhe përziejini derisa të gjitha perimet të jenë copëtuar.

92. Përhapja me djathë vilë barishtore

PËRBËRËSIT:

- 1 filxhan gjize
- 2 lugë qiqra të freskëta, të grira hollë
- 1 lugë gjelle kopër të freskët, të grirë
- 1/2 lugë çaji pluhur hudhër
- Kripë dhe piper për shije

UDHËZIME:

a) Në një tas, përzieni gjizën, qiqrat e grira, koprën dhe hudhrën pluhur.
b) I rregullojmë me kripë dhe piper sipas shijes.
c) Përdoreni atë si një lyerje për krisur, bukë ose si zhytje për perime.

93. Salsa me djathë vilë

PËRBËRËSIT:

- 1 filxhan gjize
- 1/2 filxhan salsa të trashë
- 1/4 filxhan cilantro të freskët të copëtuar
- 1/2 lugë çaji qimnon (opsionale)
- Kripë dhe piper për shije

UDHËZIME:

a) Në një tas, kombinoni gjizën, salsa, cilantro dhe qimnon (nëse përdorni).
b) I rregullojmë me kripë dhe piper sipas shijes.
c) Përdoreni këtë salsa si një majë për patatet e pjekura, pulën e pjekur në skarë ose si zhytje për patatet e tortës.

94. Djathë gjizë dhe Rripë mjalti

PËRBËRËSIT:

- 1 filxhan gjize
- 2 lugë mjaltë
- 1/4 lugë çaji kanellë (opsionale)

UDHËZIME:

a) Hidhni gjizë me lugë në një pjatë ose tas.
b) Hidhni mjaltë mbi gjizën.
c) Sipas dëshirës, spërkateni me një majë kanellë.
d) Shijojeni si një ëmbëlsirë apo rostiçeri të ëmbël dhe kremoze.

95. Pesto me djathë vilë

PËRBËRËSIT:
- 1 filxhan gjize
- 2 lugë salcë pesto
- 1/4 filxhan djathë parmixhano të grirë
- Kripë dhe piper për shije

UDHËZIME:
a) Në një enë përzieni gjizën, salcën pesto dhe djathin parmixhano të grirë.
b) I rregullojmë me kripë dhe piper sipas shijes.
c) Përdoreni këtë pesto me gjizë si salcë makaronash, sanduiç ose dip për perime.

SMOOTHIES DHE KOKTEJLE

96. Smoothie me erëza me mjedër

PËRBËRËSIT:
- ½ filxhan gjizë pa yndyrë
- 1 filxhan kube akulli
- 1 lugë çaji mjaltë
- 2 hurma (me gropë)
- 2 lugë gjelle tërshërë të modës së vjetër
- 6 oz mjedra të freskëta
- Majë kanellë të bluar

UDHËZIME:
a) Hidhini të gjithë përbërësit në një blender dhe përpunoni derisa të jenë të lëmuara.
b) Kënaquni.

97. Cottage Cheese Power Shake

PËRBËRËSIT:
- $\frac{1}{4}$ filxhan gjizë me pak yndyrë
- 1 filxhan boronica (të freskëta ose të ngrira)
- 1 lugë pluhur proteine vanilje
- 2 lugë gjelle miell fara liri
- 2 lugë arra, të grira
- $1\frac{1}{2}$ gote uje
- 3 kube akulli

UDHËZIME:
a) Përziejini derisa të jetë e qetë.
b) Shijoni dhe rregulloni akullin ose përbërësit nëse është e nevojshme.

98. Shake me vanilje me djathë

PËRBËRËSIT:

- 16 oz. qumësht i skremuar
- 2 gota gjizë pa yndyrë
- 3 lugë proteina pluhur
- 1/2 filxhan jogurt me vanilje pa yndyrë
- 1 lugë nga fruti juaj i preferuar
- E shkëlqyeshme për shije
- 2-3 kube akulli

UDHËZIME:

a) Hidhini të gjithë përbërësit në një blender për 30-60 sekonda.

99. Shake proteinash me banane pas stërvitjes

PËRBËRËSIT:

- 2 banane
- 1/2 filxhan gjizë
- Proteina e hirrës së vaniljes
- filxhan qumësht
- Pak akull
- 1/2 lugë çaji sheqer kaf

UDHËZIME:

a) Përziejini derisa të jetë e qetë.
b) Shijoni dhe rregulloni akullin ose përbërësit nëse është e nevojshme.

100. Smoothie soje

PËRBËRËSIT:

- 1 lugë proteine pluhur
- 1 filxhan qumësht soje organik
- 1 filxhan gjize
- $\frac{1}{4}$ - $\frac{1}{2}$ filxhan mjaltë të papërpunuar
- Një majë kripë

UDHËZIME:

a) Përzieni qumështin e sojës dhe gjizën për t'i dhënë Smoothie-së një strukturë kokrra, dhe më pas shtoni mjaltë dhe kripë në proporcion me shijen tuaj.

b) Shtoni një lugë pluhur proteinash, ujë nëse është e nevojshme dhe shijojeni.

PËRFUNDIM

Ndërsa i afrohemi fundit të aventurës sonë të kuzhinës në KUZHINA E FUNDIT ME Djathë Djathë, shpresojmë që të keni shijuar eksplorimin e mundësive të pafundme të gjizës. Me 100 receta të shijshme në majë të gishtave, ju keni zhbllokuar sekretin për të transformuar vaktet e përditshme në përvoja të jashtëzakonshme.

Djathi i gjizës, me strukturën e tij të pasur kremoze dhe përmbajtjen e lartë të proteinave, ka dëshmuar të jetë më shumë se thjesht një produkt i qumështit. Është përbërësi kryesor për ushqime më të shëndetshme, më të shijshme dhe më emocionuese. Nga mëngjesi në darkë dhe çdo rostiçeri në mes, ju keni parë se si ky përbërës i gjithanshëm mund të jetë ylli i shfaqjes.

Ne kemi trazuar, kaurdisur, pjekur dhe përzier, dhe tani është radha juaj për të marrë frenat. Lëreni imagjinatën tuaj të egër në kuzhinë. Eksperimentoni me shijet, teksturat dhe përbërësit për të krijuar kryeveprat tuaja të gjizës.

Por mbani mend, zemra e çdo kuzhine nuk janë vetëm përbërësit ose recetat - është dashuria dhe pasioni që ju futni në gatimin tuaj. Pra, ndërsa vazhdoni udhëtimin tuaj të kuzhinës, gatuani gjithmonë me dashuri dhe do të jeni të sigurt që do të krijoni ushqime që jo vetëm që kënaqin qiellzën, por edhe ngrohin zemrën.

Faleminderit që u bashkuat me ne në KUZHINA E FUNDIT ME Djathë Djathë. Mund që vaktet tuaja të ardhshme të jenë të mbushura me gëzim, shëndet dhe mirësinë e këndshme të gjizës. Gëzuar gatim!

www.ingramcontent.com/pod-product-compliance
Lightning Source LLC
Chambersburg PA
CBHW071309110526
44591CB00010B/836